Abbildung der tatsächlichen wirtschaftlichen Lage – HGB oder IFRS?

K.-U. Marten, R. Quick, K. Ruhnke (Herausgeber)

Abbildung der tatsächlichen wirtschaftlichen Lage – HGB oder IFRS?

Tagungsband zur Fachveranstaltung des Ulmer Forums für
Wirtschaftswissenschaften (UFW) e.V.
am 11. Mai 2006 an der Universität Ulm

mit Beiträgen von
Annette G. Köhler, Kai-Uwe Marten,
Jörg Baetge, Daniela Maresch, Thomas Senger,
Edgar Meister, Christoph Ernst und Wolfgang Schaum

unter Mitarbeit von
Albert M. Riedl

Düsseldorf 2006

Bibliografische Information Der Deutschen Bibliothek
Die Deutsche Bibliothek verzeichnet diese Publikation in der Deutschen Nationalbibliografie; detaillierte bibliografische Daten sind im Internet über http://dnb.ddb.de abrufbar.

ISBN 3-8021-1173-7
ISBN 978-3-8021-1173-0

© 2006 IDW Verlag GmbH, Tersteegenstr. 14, 40474 Düsseldorf
Die IDW Verlag GmbH ist ein Unternehmen des Instituts der Wirtschaftsprüfer in Deutschland e.V. (IDW).
www.idw-verlag.de
Das Werk einschließlich aller seiner Teile ist urheberrechtlich geschützt. Jede Verwertung außerhalb der engen Grenzen des Urheberrechtsgesetzes ist ohne vorherige schriftliche Einwilligung des Verlages unzulässig und strafbar. Dies gilt insbesondere für Vervielfältigungen, Übersetzungen, Mikroverfilmungen und die Einspeicherung und Verbreitung in elektronischen Systemen.
Es wird darauf hingewiesen, dass im Werk verwendete Markennamen und Produktbezeichnungen dem marken-, kennzeichen- oder urheberrechtlichen Schutz unterliegen.
Die Angaben in diesem Werk wurden sorgfältig erstellt und entsprechen dem Wissensstand bei Redaktionsschluss. Da Hinweise und Fakten jedoch dem Wandel der Rechtsprechung und der Gesetzgebung unterliegen, kann für die Richtigkeit und Vollständigkeit der Angaben in diesem Werk keine Haftung übernommen werden. Gleichfalls werden die in diesem Werk abgedruckten Texte und Abbildungen einer üblichen Kontrolle unterzogen; das Auftreten von Druckfehlern kann jedoch gleichwohl nicht völlig ausgeschlossen werden, so dass für aufgrund von Druckfehlern fehlerhafte Texte und Abbildungen ebenfalls keine Haftung übernommen werden kann.

Druck und Bindung: B.o.s.s Druck und Medien, Goch

Vorwort der Herausgeber

Mit der Verabschiedung der EU-Verordnung Nr. 1606/2002 betreffend die Anwendung internationaler Rechnungslegungsstandards (sog. IAS-Verordnung) am 19.07.2002 sowie deren Umsetzung durch den deutschen Gesetzgeber in § 315a HGB wurden für kapitalmarktorientierte Mutterunternehmen mit Sitz in der Europäischen Union (bzw. Deutschland) die Weichen in Richtung einer Konzernrechnungslegung nach International Financial Reporting Standards (IFRS) gestellt. Grundsätzlich müssen diese Unternehmen ihren Konzernabschluss erstmals für Geschäftsjahre, die nach dem 31.12.2004 beginnen, unter Beachtung der in europäisches Recht übernommenen IFRS aufstellen.

Spätestens seit Erlass der IAS-Verordnung wird im Fachschrifttum zum Teil kontrovers diskutiert, ob eine Rechnungslegung nach traditionellem deutschen Handelsrecht (HGB) oder eine internationale Rechnungslegung nach IFRS besser geeignet ist, ein den tatsächlichen Verhältnissen entsprechendes Bild der Vermögens-, Finanz- und Ertragslage (sog. fair presentation) zu vermitteln.

Diese Frage wurde unter der Überschrift „Abbildung der tatsächlichen wirtschaftlichen Lage – HGB oder IFRS?" im Rahmen der vierten Fachveranstaltung des Ulmer Forums für Wirtschaftswissenschaften (UFW) e.V. am 11.05.2006 an der Universität Ulm aus verschiedenen Perspektiven beleuchtet.

Der vorliegende Tagungsband enthält die ausführlichen Schriftfassungen der Vorträge der Referenten. Ihnen vorangestellt ist ein Beitrag von Frau Professor Dr. Annette G. Köhler und Herrn Professor Dr. Kai-Uwe Marten, in dem die Autoren das Spannungsfeld von Informations- und Gläubigerschutzfunktion eines Rechnungslegungsnormensystems erörtern. Dabei werden die unterschiedlichen Konzeptionen zur Kapitalerhaltung nach HGB und IFRS dargelegt, deren Effektivität diskutiert sowie auf die Anreizkonflikte zwischen Anteilseignern und Fremdkapitalgebern eingegangen. Abschließend wird die Frage aufgeworfen, inwieweit einzelvertragliche oder gesetzliche Regelungen geeignet sein können, den bestehenden Interessenskonflikt zu lösen.

Im ersten Beitrag der Tagungsreferenten befasst sich Herr Professor Dr. Dr. h.c. Jörg Baetge mit der Frage, ob die wirtschaftliche Lage durch einen IFRS-Abschluss besser abgebildet wird als durch einen traditionellen HGB-Abschluss. Er kommt zu dem Schluss, dass ein Wechsel zu den IFRS durchaus vorteilhaft sein könne, da unter anderem das Vertrauen der Aktionäre in das Unternehmen gestärkt werde, Informationsasymmetrien beseitigt werden und dadurch die Renditeforderungen der Kapitalgeber sinken würden. Im sich anschließenden Beitrag referiert Herr Dr. Thomas Senger über die Rahmenbedingungen und Schwerpunkte einer Anwendung der IFRS im Mittelstand. In diesem Zusammenhang geht er auf die Auswirkungen einer Umstellung der Rechnungslegung von HGB auf IFRS auf die Höhe des ausgewiesenen Eigen- und Fremdkapitals sowie die Bilanzierung von Unternehmenszusammenschlüssen, Sachanlagen und Leasingtransaktionen ein. Zum Abschluss seines Vortrages erläutert Herr Dr. Senger mögliche Vereinfachungen einer IFRS-Anwendung im Mittelstand. Über die Herausforderungen eines IFRS-Abschlusses aus Sicht der Banken berichtet Herr Dr. h.c. Edgar Meister. Vor diesem Hintergrund diskutiert er die verschiedenen Aufgaben der Bankenaufsicht und beleuchtet die Eigenkapitalberechnung und -meldung auf Basis von IFRS-Abschlüssen. Abschließend gewährt er den Teilnehmern einen Einblick, wie sich Banken bei einer Umstellung von HGB auf IFRS im Unternehmen einbringen können. Im Anschluss schildert Herr Dr. Christoph Ernst die seit langem angekündigte Modernisierung des deutschen Bilanzrechts. Er berichtet kurz über die Einführung der IFRS in das deutsche Recht und stellt die Frage, ob man von gesetzgeberischer Seite eine Übernahme der IFRS präferieren oder eventuell doch eine Modernisierung des HGB in Betracht ziehen sollte. Herr Dr. Ernst geht anschließend auf die Zielsetzungen einer solchen Modernisierung ein und gibt einen Ausblick auf die Einführung möglicher neuer (zum Teil europarechtlich bedingter) Gesetze. Den Tagungsband abschließend beschreibt Herr Dr. Wolfgang Schaum die Abbildung der wirtschaftlichen Lage am Beispiel der Bilanzierung von Pensionsverpflichtungen nach HGB und IFRS. Dabei geht er hauptsächlich auf die Unterschiede der beiden Normenwerke in Bereichen wie Bewertungsgrundsätze, Passivierungspflicht, Abzinsung oder Berücksichtigung von Gehaltssteigerungen ein. Abschließend erläutert Herr Dr. Schaum die Vorschläge des IDW im Hinblick auf ein neues Bewertungskonzept von Pensionsverpflichtungen.

Vor allem sind wir den Referenten zu großem Dank verpflichtet. Ihre spannenden und hochinteressanten Vorträge haben maßgeblich zum Gelingen der Veranstaltung beigetragen. Unser Dank gebührt natürlich auch den Mitarbeiterinnen und Mitarbeitern der Abteilung Rechnungswesen und Wirtschaftsprüfung sowie den weiteren unterstützend mitwirkenden Studierenden der Universität Ulm, die erst durch ihren unermüdlichen Einsatz bei der aufwändigen Vorbereitung und Durchführung der Veranstaltung einen reibungslosen Ablauf gewährleistet haben. Für die Gesamtkoordination möchten wir

Frau Bärbel Engelhardt sowie den Herren Dipl.-WiWi Marco Wagner und Dipl.-WiWi Albert M. Riedl ganz herzlich danken. Letzterem oblag zudem die redaktionelle Betreuung dieses Tagungsbandes. Weiterhin namentlich zu nennen sind die Herren Dipl.-WiWi Patrick Paulitschek, Dipl.-Kfm. M. Felix Weiser und Dipl.-WiWi Roland Wiese. Nicht zuletzt gilt unser Dank dem IDW Verlag für die Bereitschaft, dieses Werk zu publizieren.

Ulm, Darmstadt und Berlin im September 2006

Kai-Uwe Marten, Reiner Quick und Klaus Ruhnke

Inhaltsverzeichnis

Vorwort der Herausgeber V

Inhaltsverzeichnis IX

Abkürzungsverzeichnis XI

Annette G. Köhler/Kai-Uwe Marten
Information versus Gläubigerschutz – Rechnungslegung für den Mittelstand
im Spannungsfeld 1

Jörg Baetge/Daniela Maresch
Zeigt ein IFRS-Abschluss die wirtschaftliche Lage besser als ein
HGB-Abschluss? 21

Thomas Senger
IFRS für den Mittelstand – Rahmenbedingungen und Schwerpunkte
der Anwendung 49

Edgar Meister
IFRS-Abschlüsse – Eine Herausforderung für die Bankenaufsicht 69

Christoph Ernst
Nicht nur IFRS, sondern auch HGB – Die Modernisierung
des deutschen Bilanzrechts 85

Wolfgang Schaum
Die Abbildung der wirtschaftlichen Lage am Beispiel der Bilanzierung
von Pensionsverpflichtungen nach HGB und IFRS 103

Kurzvorstellung der Autoren 126

Abkürzungsverzeichnis

Abb.	Abbildung
ABl.	Amtsblatt
Abs.	Absatz
Abt.	Abteilung
ADHGB	Allgemeines Deutsches Handelsgesetzbuch
AG	Aktiengesellschaft/Die Aktiengesellschaft
AktG	Aktiengesetz
Anm.	Anmerkung
ARC	Accounting Regulatory Committee
Art.	Artikel
Aufl.	Auflage
BB	Betriebs-Berater
BC	Basis for Conclusions
BFH	Bundesfinanzhof
BGH	Bundesgerichtshof
BMF	Bundesministerium der Finanzen
BMJ	Bundesministerium der Justiz
BMW	Bayerische Motoren Werke AG
bspw.	beispielsweise
BStBl.	Bundessteuerblatt
BT-Drs.	Bundestagsdrucksache
BV	Besloten Vennootschap
bzw.	beziehungsweise
ca.	circa
CDU	Christlich Demokratische Union Deutschlands
CEBS	Committee of European Banking Supervisors
Co.	Compagnie
CRD	Capital Requirements Directive
CSU	Christlich-Soziale Union in Bayern e.V.
d.h.	das heißt
DAX	Deutscher Aktienindex
DB	Der Betrieb

DCF	Discounted Cashflow
Dipl.-Kfm.	Diplom-Kaufmann
Dipl.-WiWi	Diplom-Wirtschaftswissenschaftler
Dr.	Doktor
Dres.	Doctores
DRS	Deutsche Rechnungslegungs Standards
DRSC	Deutsches Rechnungslegungs Standards Committee e.V.
e.V.	eingetragener Verein
EARNet	European Auditing Research Network
ED	Exposure Draft
EG	Europäische Gemeinschaft
EGHGB	Einführungsgesetz zum Handelsgesetzbuch
EStG	Einkommensteuergesetz
ESZB	Europäisches System der Zentralbanken
et al.	et alii
etc.	et cetera
EU	Europäische Union
EuGH	Europäischer Gerichtshof
EUR	Euro
EWG	Europäische Wirtschaftsgemeinschaft
f.	folgende
F&E	Forschung und Entwicklung
FASB	Financial Accounting Standards Board
FAStR	Fachanwalt für Steuerrecht
FAZ	Frankfurter Allgemeine Zeitung
FDP	Freie Demokratische Partei
ff.	fortfolgende
FINREP	Financial Reporting Framework
gem.	gemäß
ggf.	gegebenenfalls
GmbH	Gesellschaft mit beschränkter Haftung
GmbHG	Gesetz betreffend die Gesellschaften mit beschränkter Haftung
GmbHR	GmbH-Rundschau

GuV	Gewinn-und-Verlustrechnung
h.c.	honoris causa
HFA	Hauptfachausschuss
HGB	Handelsgesetzbuch
HHL	Handelshochschule Leipzig
Hrsg.	Herausgeber
http	hypertext transfer protocol
i.Allg.	im Allgemeinen
i.d.R.	in der Regel
i.e.S.	im engeren Sinne
i.V.m.	in Verbindung mit
IAS	International Accounting Standard
IASB	International Accounting Standards Board
IASC	International Accounting Standards Committee
IDW	Institut der Wirtschaftsprüfer in Deutschland e.V.
IFRIC	International Financial Reporting Interpretations Committee
IFRS	International Financial Reporting Standard(s)
IRW	Institut für Revisionswesen
iur.	iuris
KG	Kommanditgesellschaft
KMU	kleine und mittelständische Unternehmen
KWG	Kreditwesengesetz
Ltd.	private limited company by shares
M.A.	Master of Arts
m.E.	meines Erachtens
m.w.N.	mit weiteren Nachweisen
Mag.	Magistra
MinR	Ministerialrat
Mio.	Millionen
MoMiG	Gesetz zur Modernisierung des GmbH-Rechts und zur Bekämpfung von Missbräuchen
NCC	Nordic Construction Company Baumanagement GmbH
NJW	Neue Juristische Wochenschrift

NPAE	non-publicly accountable entities
Nr.	Nummer
NZG	Neue Zeitschrift für Gesellschaftsrecht
o.g.	oben genannte/n/r/s
o. J.	ohne Jahresangabe
o. V.	ohne Verfasser
pdf	protable document format
RefE	Referentenentwurf
rer. pol.	rerum politicarum
RIW	Recht der Internationalen Wirtschaft
Rn.	Randnummer
RS	Stellungnahme zur Rechnungslegung
Rs.	Rechtssache
Rz.	Randziffer
S.	Seite(n)
Slg.	Sammlung
SME	small and medium-sized entities
s.o.	siehe oben
sog.	so genannte/n/r/s
SolvV	Solvabilitätsverordnung
SORIE	Statement of Recognised Income and Expense
SPD	Sozialdemokratische Partei Deutschlands
StB	Steuerberater
TEUR	Tausend Euro
TU	Technische Universität
Tz.	Textziffer
u.a.	unter anderem
u.E.	unseres Erachtens
UFW	Ulmer Forum für Wirtschaftswissenschaften (UFW) e.V.
UNIDROIT	Institut International pour l'Unification du Droit Privé
URL	uniform resource locator
Urt.	Urteil
USA	United States of America
USD	US-Dollar

US-GAAP	United States Generally Accepted Accounting Standards
v.	vom
v.H.	vom Hundert
vgl.	vergleiche
VGR	Wissenschaftliche Vereinigung für Unternehmens- und Gesellschaftsrecht (VGR) e.V
VW	Volkswagen AG
WP	Wirtschaftsprüfer
www	world wide web
z.B.	zum Beispiel
ZGE	Zahlungsmittel generierende Einheit
ZIP	Zeitschrift für Wirtschaftsrecht
z.T.	zum Teil

*Annette G. Köhler/Kai-Uwe Marten**

Information versus Gläubigerschutz – Rechnungslegung für den Mittelstand im Spannungsfeld

Gliederung

1　Aktueller Hintergrund

2　Europäischer Rahmen
2.1　2. EU-Richtlinie und Rickford-Report
2.2　Rechtsprechung des EuGH

3　Information und Kapitalerhaltung zum Zwecke des Gläubigerschutzes
3.1　Grundzüge der Kapitalerhaltung nach deutschem Handels- und Gesellschaftsrecht
3.2　Überlegungen zur Kapitalerhaltung im Kontext der IFRS
3.3　Zur Effektivität der Kapitalerhaltung

4　Gläubigerschutz als Reaktion auf Anreizkonflikte im Mittelstand
4.1　Charakterisierung des Mittelstands
4.2　Anreizkonflikte mittelständischer Anteilseigner und Fremdkapitalgeber

5　Abschließende Bemerkungen

Literaturverzeichnis

---

* Professor Dr. Annette G. Köhler ist Inhaberin des Lehrstuhls für Rechnungswesen, Wirtschaftsprüfung und Controlling an Universität Duisburg-Essen. Professor Dr. Kai-Uwe Marten ist Leiter der Abteilung Rechnungswesen und Wirtschaftsprüfung an der Universität Ulm.

1 Aktueller Hintergrund

Aus Sicht des deutschen Mittelstands bereitet das IASB den „Todesstoß" für die GmbH & Co. KG vor. Schließlich müsse man gem. den IFRS „Gewinne ausweisen, die noch gar nicht entstanden seien und die man nicht ausschütten könne, ohne die Substanz des Unternehmens zu gefährden".[1] Stellvertretend für die Betroffenen melden sich seit Beginn des Jahres 2006 zwölf Familienunternehmen mit insgesamt 120 Milliarden EUR Jahresumsatz zu Wort, die sich Anfang des Jahres in der Arbeitsgruppe „IFRS für den Mittelstand" mit dem Ziel zusammengefunden haben, Einfluss auf die Meinungsbildung des IASB zu nehmen.[2]

Das Zitat bringt das Dilemma interessenpolitisch motivierter Äußerungen besonders anschaulich zum Ausdruck: Die Prägnanz der Semantik geht zu Lasten deren Präzision. So wird der ausgewiesene mit dem auszuschüttenden (nicht ausschüttbaren!) Gewinn und die Anwendung der IFRS mit der Existenzgefährdung des Unternehmens gleichgesetzt. Nach o.g. Zitat scheint dies zumindest für GmbH & Co. KG zuzutreffen.

Angesichts der eingehenden Behandlung der Kapitalerhaltung im Kontext der IFRS in der einschlägigen Literatur kann eine solche Vereinfachung nur verwundern. So dürfte es gerade in Familienunternehmen, d.h. in Unternehmen, die nicht oder nur unerheblich auf unternehmensexterne und damit eher kurzfristig orientierte Anteilseigner angewiesen sind, möglich sein, bei Gewinnausschüttungsbeschlüssen der Gesellschafterversammlung einer langfristigen Substanzerhaltung Rechnung zu tragen.

Gerade in Anbetracht der grundlegenden konzeptionellen Unterschiede zwischen dem HGB und den IFRS (u.a. bei der Qualifizierung von Eigenkapital gem. IAS 32) sowie der für kleine Unternehmen erheblichen, wenn nicht prohibitiv hohen Kosten einer Umstellung der Rechnungslegung von HGB auf IFRS ist eine objektivierte Debatte notwendig. Zudem bewirkt die Normenentwicklung außerhalb Deutschlands nicht nur die Modifizierung kodifizierter Rahmenbedingungen für inländische Unternehmen, sondern auch einen zunehmenden Wettbewerb diverser institutioneller Regime.

---

[1] *o. V.* (2006b).
[2] Vgl. *o. V.* (2006a).

Ziel muss es also sein, auf Basis von Erkenntnissen über die Zweckerfüllung der beiden genannten Rechnungslegungsnormensysteme und vor dem Hintergrund relevanter Entwicklungen zielgruppenspezifischen Handlungsbedarf aufzuzeigen. Dementsprechend widmet sich der vorliegende Beitrag neben der Darstellung der institutionellen Dynamik einer konzisen Beschreibung der Kapitalerhaltungskonzeption infolge der Bedeutung des Gläubigerschutzes. Mittelstandsspezifische Besonderheiten finden hierbei explizit Berücksichtigung.

2 Europäischer Rahmen

2.1 2. EU-Richtlinie und Rickford-Report

Der im Jahr 2004 vom EU-Parlament verabschiedete Richtlinienvorschlag zur Änderung der 2. EU-Richtlinie zur Gründung von Aktiengesellschaften und deren Kapitalerhaltung (Richtlinie 77/91/EWG) hat keine wesentliche Modifizierung hervorgebracht. Damit bleibt der hierin verankerte Gläubigerschutz auch weiterhin Bestandteil des gesellschaftsrechtlichen Bezugsrahmens auf europäischer Ebene. Gleichwohl hat die von der EU-Kommission eingesetzte, nach ihrem Vorsitzenden benannte Winter-Gruppe[3] in ihrem Abschlussbericht angeregt, alternative Kapitalerhaltungskonzeptionen von einem Expertengremium prüfen zu lassen. Die daraufhin gegründete „Interdisciplinary Group on Capital Maintenance" (sog. Rickford-Gruppe) ist diesem Auftrag gefolgt und hat im April 2004 einen Reformvorschlag vorgelegt.[4]

Kern des Vorschlags ist die Abkehr von der bilanzorientierten Kapitalerhaltung zu Gunsten einer liquiditätsorientierten Bemessung von Ausschüttungen. Diese liquiditätsorientierte Vorgehensweise umfasst zum einen einen zweistufigen sog. Solvenztest (solvency test). Auf der ersten Stufe soll demnach zu prüfen sein, ob die Gesellschaft unmittelbar nach Ausschüttung in der Lage bleibt, Verbindlichkeiten zu tilgen. Die zweite Stufe ist im Sinne einer Prüfung der Annahme der Unternehmensfortführung durchzuführen. D.h., dass die Fähigkeit des Unternehmens zur Tilgung von Schulden

---

[3] Es handelt sich um die sog. „High Level Group of Company Law Experts".
[4] Vgl. *Rickford, J.* (2004).

auch in dem folgenden Geschäftsjahr nicht durch die Ausschüttung gefährdet sein darf. Als Verbindlichkeiten sind dabei auch künftig anfallende Verbindlichkeiten sowie Eventualverbindlichkeiten und als Vermögenswerte auch künftige Vermögenswerte sowie Eventualforderungen zu berücksichtigen. Zum anderen soll die Abgabe und Offenlegung einer Solvenzbescheinigung (solvency certification) notwendig sein. D.h., die Geschäftsleitung wird verpflichtet, ihre Überzeugung der Zahlungsfähigkeit offen darzulegen – die Offenlegung des Solvenztests selbst wird nicht empfohlen.

2.2 Rechtsprechung des EuGH

Mit seinen Urteilen zu Inspire Art[5], Centros[6] und Überseering[7] bringt der Europäische Gerichtshof seit dem Jahr 2002 seine Haltung zum gesellschaftsrechtlichen Konzept des gesetzlichen Gläubigerschutzes eindeutig zum Ausdruck. Danach lässt sich ein wirksamer Gläubigerschutz durch Transparenz und Publizität, nicht durch ein gesetzlich vorgeschriebenes Mindestkapital sicherstellen. Ferner sind Versuche der Mitgliedstaaten, diesbezügliche nationale Normen unter Verweis auf die Sitztheorie gegenüber Auslandsgründungen durchzusetzen, mit der Niederlassungsfreiheit nicht zu vereinbaren. Bezogen auf die Funktion der Rechnungslegung bedeutet dies, dass Gläubiger durch Rechnungslegungsinformationen nicht in erster Linie geschützt, sondern informiert werden sollen.[8] Die Schutzverantwortlichkeit liegt beim Gläubiger selbst.

Eine grundsätzliche Differenzierung zwischen kapitalmarktorientierten und nicht kapitalmarktorientierten Unternehmen – unter die auch i.d.R. mittelständische Unternehmen fallen dürften – ist nicht erkennbar.

---

[5] Siehe *EuGH*, Urteil v. 30.09.2003, Kamer van Koophandel en Fabrieken voor Amsterdam ./. Inspire Art Ltd., Rs. C-167/01, Slg. 2003, I-10155 = ZIP 2003 S. 1885 und dazu *Adensamer, N./Bervoets, C.* (2003); *Altmeppen, H.* (2004); *Lutter, M.* (2004); *Maul, S./Schmidt, C.* (2003); *Ziemons, H.* (2003).

[6] Siehe *EuGH*, Urteil v. 09.03.1999, Centros Ltd. ./. Erhvervs- og Selskabsstyrelsen, Rs. C-212/97, Slg. 1999, I-1459 = AG 1999 S. 226 = NJW 1999 S. 2027 = NZG 1999 S. 298 = RIW 1999 S. 447; dazu etwa *Ebke, W. F.* (1999); *Merkt, H.* (1999); *Sandrock, O.* (1999).

[7] Siehe *EuGH*, Urteil v. 05.11.2002, Überseering BV ./. Nordic Construction Company Baumanagement GmbH (NCC), Rs. C-208/00, Slg. 2002, I-9919 = DB 2002 S. 2425 = GmbHR 2002 S. 1137 = BB 2002 S. 2402 und dazu *Forsthoff, U.* (2002b); zum Schlussantrag des Generalanwalts Colomer (abgedruckt in BB 2002 S. 318) *Forsthoff, U.* (2002a) und *Halen, C. v.* (2002); vgl. auch *Sandrock, O.* (2002).

[8] Vgl. *Merkt, H.* (2004), S. 310.

3 Information und Kapitalerhaltung zum Zwecke des Gläubigerschutzes

3.1 Grundzüge der Kapitalerhaltung nach deutschem Handels- und Gesellschaftsrecht

Das im deutschen Gesellschaftsrecht verankerte Kapitalerhaltungssystem basiert auf der Festlegung eines ausschüttungsgesperrten Mindestkapitals und der Ausschüttungsbemessung. Zur Kapitalerhaltung hat die Ausschüttungsbemessung grundsätzlich restriktiv zu erfolgen, d.h. neben die dem Vorsichtsprinzip folgende Gewinnermittlung treten Begrenzungen des ausschüttbaren Gewinns und Sperren mit Bezug zum Rückfluss des durch die Anteilseigner bereitgestellten Kapitals (vgl. untenstehende Abbildung). So belaufen sich die Mindestbeträge für das in der Satzung festgeschriebene Kapital auf 25.000 EUR bei GmbH (§ 5 Abs. 1 GmbHG)[9] und auf 50.000 EUR bei Aktiengesellschaften (§ 7 AktG). Die vor der Anmeldung zum Handelsregister mindestens einzuzahlenden Beträge sind in § 7 Abs. 2 GmbHG und § 36 Abs. 2 AktG geregelt.

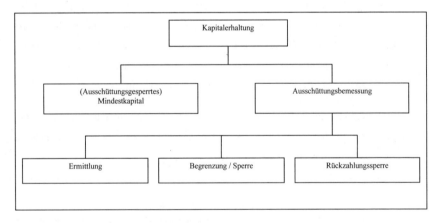

Abb.: Bestandteile des deutschen Kapitalerhaltungssystems

Die Ermittlung des Gewinns unterliegt dem Vorsichtsprinzip gem. § 252 Abs. 1 Nr. 4 HGB. Infolge des Realisationsprinzips ist der Ausweis unrealisierter und/oder mit Unsi-

---

[9] Durch das derzeit als RefE vorliegende MoMiG soll das Mindeststammkapital einer GmbH auf 10.000 EUR abgesenkt werden.

cherheit behafteter Gewinne nicht gestattet; gem. dem Imparitätsprinzip kommt es zu einer entgegengesetzten Behandlung entsprechender Verluste.

Der ohne Weiteres ausschüttungsfähige Betrag ist grundsätzlich auf den Jahresüberschuss (zuzüglich eines Gewinnvortrags und abzüglich eines Verlustvortrags) beschränkt; unter bestimmten Bedingungen beschränkt sich der Betrag auf den Bilanzgewinn (§ 29 Abs. 1 Satz 2 GmbHG und § 58 Abs. 4 AktG). Wenn der Gesellschaftsvertrag nichts anderes bestimmt, können die Gesellschafter Beträge in Gewinnrücklagen einstellen oder als Gewinn vortragen (§ 29 Abs. 2 GmbHG). Sofern eine Satzungsbestimmung nichts anderes vorsieht, können in Aktiengesellschaften maximal 50% des Jahresüberschusses in die Gewinnrücklagen eingestellt werden. Außerdem sind Aktiengesellschaften gem. § 150 Abs. 2 AktG solange verpflichtet, 5% des um einen Verlustvortrag aus dem Vorjahr geminderten Jahresüberschusses in die gesetzliche Rücklage einzustellen, bis diese und die Kapitalrücklagen nach § 272 Abs. 2 Nr. 1 bis 3 HGB zusammen 10% oder den in der Satzung bestimmten höheren Teil des Grundkapitals erreichen. Als Ausschüttungssperren sind zu nennen: Ausschüttungssperre für aktivierte Ingangsetzungs- und Erweiterungsaufwendungen (§ 269 Satz 2 HGB), Ausschüttungssperre für aktivierte latente Steuern (§ 274 Abs. 2 Satz 2 HGB) sowie die Rücklage für eigene Anteile gem. § 272 Abs. 4 HGB.

Schließlich sieht § 30 GmbHG das Verbot der Auszahlung des zur Erhaltung des Stammkapitals erforderlichen Vermögens der Gesellschaft an die Gesellschafter vor; für Aktiengesellschaften regelt § 57 Abs. 1 AktG das Verbot der Einlagenrückgewähr zum Schutz des Nennkapitals. Flankiert werden diese Vorschriften durch die Auflagen für Kapitalherabsetzungen (§§ 58 ff. GmbHG und 222 ff. AktG).

Daneben kennt das deutsche Gesellschaftsrecht eine Reihe weiterer Instrumente, um das Nennkapital zu schützen. Dies sind u.a. die Gründungsprüfung, die Beschränkung des Rechts zum Erwerb eigener Aktien sowie das Rückzahlungsverbot Eigenkapital ersetzender Darlehen.

3.2 Überlegungen zur Kapitalerhaltung im Kontext der IFRS

Während das deutsche Gesellschaftsrecht „... dem Gläubigerschutz eine paritätische Position neben dem Schutz der Gesellschafterinteressen..."[10] einräumt, sind nach anglo-amerikanischem Verständnis Gesellschaftsrecht und Gläubigerschutz zu trennen.[11] Dabei obliegt dem Gesellschaftsrecht die Regelung der Organisation der Gesellschaft. Der Schutz der stakeholder bleibt anderen Rechtsgebieten – wie dem Kapitalmarktrecht – vorbehalten oder ist – z.B. für Gläubiger – nicht reguliert.

So unterliegt eine Gesellschaft – zumindest im Falle der Kapitalmarktorientierung, d.h. kapitalmarktrechtlich untermauert – der Verpflichtung zur normenkonformen Rechnungslegung und Publizität, d.h. zur Information. Die Informationsfunktion als primärer Zweck anglo-amerikanischer Rechnungslegung ist nicht nur konsequent, sondern im Hinblick auf den Gläubigerschutz auch notwendig. Entscheidend ist allerdings, dass diese Information um Gläubiger schützende Maßnahmen ergänzt wird, die die diesbezügliche Regulierungslücke verringern. In den USA sind dies i.d.R. Kredit begleitende Vereinbarungen (sog. covenants). Diese umfassen z.B. die Beschränkung von Dividendenzahlungen, die Sicherung eines bestimmten Mindestkapitals oder die Einhaltung einer festgelegten Fremdkapitalquote. Inhaltlich sind diese Vereinbarungen offensichtlich dem deutschen Kapitalerhaltungskonzept durchaus ähnlich.[12] Festzuhalten bleibt allerdings, dass es Teil der Eigenverantwortlichkeit der Fremdkapitalgeber ist, Schutzmechanismen zu entwickeln, zu vereinbaren und durchzusetzen.

In Deutschland ist die Ausschüttungsbemessung auf Basis eines IFRS-Abschlusses nicht möglich. Vielmehr sieht die Kodifizierung der IAS-Verordnung von 2002[13] im HGB lediglich eine befreiende Wirkung der IFRS auf Konzernabschlussebene vor. Der Konzernabschluss dient wiederum nicht der Ausschüttungsbemessung. Gleichwohl wurde den EU-Mitgliedstaaten das Wahlrecht eingeräumt, den Unternehmen zu gestatten, einen befreienden IFRS-Einzelabschluss zu erstellen. Es dürfte also eine Frage der Zeit sein, bis in Europa die ersten Unternehmen Einzelabschlüsse nach IFRS erstellen.

---

[10] Merkt, H. (2004), S. 311.
[11] Vgl. Merkt, H. (2004), S. 312.
[12] Vgl. Alberth, M. R. (1998), S. 803 u. S. 814; Leuz, C. (1998) S. 580; Siegel, T. (1998), S. 593 f.; Hopt, K. J. (2002), S. 1013 u. S. 1018 f.; Leftwich, R. (1983), S. 23.
[13] Vgl. Verordnung (EG) Nr. 1606/2002 des Europäischen Parlaments und des Rates vom 19. Juli 2002 betreffend die Anwendung internationaler Rechnungslegungsstandards, ABl. EU L 243 vom 11.09.2002, S. 1-4.

Spätestens dann wird der Effektivitätsvergleich alternativer Gläubigerschutzkonzeptionen – auch aus Sicht des Mittelstands – akut.

3.3 Zur Effektivität der Kapitalerhaltung

Nachdem sämtliche Regelungen zum Mindestkapital sowie zur Begrenzung der Ausschüttung und zur Rückzahlungssperre grundsätzlich neben die Ermittlung des ausschüttbaren Gewinns treten und weitgehend unabhängig von den relevanten Rechnungslegungsnormen ausgestaltet werden können, fokussiert die Diskussion um die Vorteilhaftigkeit des HGB gegenüber den IFRS im Hinblick auf den Schutz der Gläubigerinteressen die Unterschiede in der Gewinnermittlung.

Wie bereits erwähnt, wird bei Unsicherheiten über den Ansatz und die (Folge-)Bewertung von Vermögensgegenständen und Schulden nach HGB grundsätzlich einem vorsichtigen Vorgehen Priorität eingeräumt.[14] Der Wert von Vermögensgegenständen wird im Zweifelsfall tendenziell zu niedrig, der Wert von Schulden indes zu hoch angesetzt. Gemäß den IFRS ist grundsätzlich der „best estimate" maßgeblich. Ceteris paribus kommt es demzufolge nach den IFRS zu einem höheren Gewinnausweis als nach HGB. Das Ausmaß dieser Gewinndifferenz ist gleichwohl aus zwei Gründen nicht distinkt.

Zum einen enthält das HGB faktische Wahlrechte zur Unterbewertung von Vermögensgegenständen bzw. Überbewertung von Schulden. Damit lassen sich stille Reserven nicht nur im Interesse der Gläubiger bilden, sondern auch wieder still auflösen. Im Insolvenzfall ist der vermeintliche „Puffer" häufig nicht vorhanden.[15] Zum anderen dürfte die Unsicherheit bei der Folgebewertung von Vermögenswerten nach IFRS stärker ausgeprägt sein als bei einer Bewertung nach HGB. Grund hierfür ist die nach IFRS bedeutsame Fair Value-Bewertung, die zu einem Gewinnausweis ohne Markttransaktion führen kann und auf zwangsläufig unsichere Prognosen künftiger Zahlungsströme rekurriert.[16] Die Höhe des nach IFRS ermittelten Gewinns ist demnach per se mit einer

---

[14] Dies gilt z.B. nicht bei Ansatz und Bewertung von Pensionsrückstellungen nach HGB.
[15] Vgl. *Baetge, J./Kirsch, H.-J./Thiele, S.* (2005), S. 138: Insbesondere könnten Verluste aus der gewöhnlichen Geschäftstätigkeit verschleiert werden. Vgl. auch *Niehues, M.* (2001), S. 1216; *Ruhnke, K.* (2005), S. 212: Gläubiger haben ein Interesse an möglichst präzisen Informationen. Durch das Vorsichtsprinzip ausgelöste Informationsbeeinträchtigungen werden besonders am Beispiel der Bildung und Auflösung stiller Reserven deutlich.
[16] Vgl. *Baetge, J./Lienau, A.* (2005), S. 76.

höheren Unsicherheit behaftet – eine mögliche Erhöhung der Relevanz der Information geht zu Lasten der Zuverlässigkeit.

Die rechnungslegungsnormenbedingten Differenzen im Gewinnausweis aufgrund der Unterschiede in der inhärenten Unsicherheit der Angaben und deren Behandlung bei der Folgebewertung dürften demzufolge nicht nur unternehmensspezifisch sein, sondern auch im Zeitablauf erheblich schwanken. Unklar ist insbesondere, ob gerade mittelständische Unternehmen in einer angespannten Wirtschaftslage den Anreiz besitzen, rechnungslegungsnormenbedingte Puffer zum Schutz ihrer Gläubiger aufzubauen. Vielmehr ist es denkbar, dass bei erfolglosen Maßnahmen zur Verdeckung bestandsgefährdender Entwicklungen im Jahresabschluss die Situation der Gläubiger bei Aufdeckung der Schwierigkeiten noch schlechter als erwartet ist.[17]

Ein etwas klareres Bild ergibt sich bei Betrachtung der zeitlichen Struktur von Gewinnen. Während das im HGB zumindest indirekt verankerte Realisationsprinzip den Ausweis von Gewinnen an die abschließende und vollständige Realisierung des Gewinn induzierenden Projektes knüpft, schreibt z.B. IAS 11 unter bestimmten Voraussetzungen eine anteilige Gewinnrealisierung über die Projektdauer hinweg vor.[18] Gewinne werden ceteris paribus nach den IFRS früher realisiert als nach HGB. Die Höhe des mit einem Projekt verbundenen Gesamtgewinns bleibt davon unberührt.[19] Auch das Eintreten unvorhergesehener Verluste ändert daran nichts. Dienten IFRS-Abschlüsse der Ausschüttungsbemessung, könnte es infolge der zeitlichen Vorverlagerung von Gewinnvereinnahmungen zu Ausschüttungen kommen, die bei Berücksichtigung der später anfallenden Verluste nicht möglich gewesen wären – das Risiko einer Gefährdung der Kapitalerhaltung würde steigen.

---

[17] Vgl. *Ballwieser, W.* (1997), S. 390.
[18] Sog. Percentage of completion-method. Vgl. *Buchholz, R.* (2004), S. 182; *Ruhnke, K.* (2005), S. 223: Im Gegensatz dazu gilt in Deutschland die completed contract-method, nach der Gewinne erst mit der Fertigstellung auszuweisen sind. Erst in diesem Zeitpunkt entfällt das Liefer- und Leistungsrisiko. Das Vorsichtsprinzip dominiert das Prinzip der Periodenabgrenzung. Für weitere Beispiele von Sachverhalten, die in den IFRS zu einer zeitlichen Vorverlagerung von Gewinnen gegenüber dem HGB führen, siehe *Pellens, B./Sellhorn, T.* (2006), S. 461 f.
[19] Im hypothetischen Fall einer Steuerbemessung auf Basis der IFRS ergäbe sich eine zeitliche Vorverlagerung der Besteuerung.

Da die Bilanzersteller den Anteil der Gewinne aus entsprechenden Projekten kennen, kann der Effekt aus dieser „Verletzung" des Realisationsprinzips quantifiziert werden. Zur Wahrung von Gläubigerinteressen könnten die Gesellschafter eines mittelständischen Unternehmens diesen Differenzbetrag durchaus von einer Ausschüttung ausnehmen, indem sie ihn mit einer Ausschüttungssperre belegen. Dies könnte auch durch eine entsprechende Satzungsänderung untermauert werden.

Der Einfluss der Verknüpfung von Handels- und Steuerbilanz durch das Prinzip der Maßgeblichkeit und umgekehrten Maßgeblichkeit auf die Kapitalerhaltung ist ambivalent. Einerseits stellt die Möglichkeit zur Nutzung von Steuerstundungseffekten einen ökonomischen Anreiz dar, dem Vorsichtsprinzip zu folgen, und bewirkt ceteris paribus eine Verschiebung von Gewinnen in die Zukunft. Andererseits wirkt die fiskalpolitisch motivierte Steuergesetzgebung generell Gewinn erhöhend, d.h., zeitlich vorverlagernd.[20]

4 Gläubigerschutz als Reaktion auf Anreizkonflikte im Mittelstand

4.1 Charakterisierung des Mittelstands

Bei der Beurteilung der IFRS nimmt der Mittelstand in Deutschland für sich in Anspruch, besonders von der fehlenden Gläubigerschutzorientierung betroffen zu sein (s.o.). Es stellt sich somit die Frage, inwieweit mögliche Interessendivergenzen zwischen Eigen- und Fremdkapitalgebern mittelstandsspezifisch sind. Dabei fällt es allerdings schwer, *den* Mittelstand eindeutig abzugrenzen.

Bei aller Heterogenität sind mittelständische Unternehmen in Abhängigkeit von der Unternehmensgröße durch besonders knappe Personalressourcen im Bereich der Verwaltung gekennzeichnet. So ziehen z.B. Neuerungen im Bereich der Rechnungslegung häufig in Relation zum Umsatz besonders hohe Transaktionskosten nach sich. Auch die Geschäftsmodelle und Unternehmensstrukturen sind im Vergleich zu großen Unternehmen tendenziell weniger komplex. Bei kleineren Gesellschaften werden häufig auch

---

[20] Vgl. *Pellens, B./Sellhorn, T.* (2006), S. 458.

sog. Einheitsbilanzen (Einheit von Handels- und Steuerbilanz) erstellt; Konzernabschlüsse sind oftmals nicht notwendig.

Gleichzeitig belegen die Umsatzzahlen der eingangs zitierten Unternehmen, dass sich selbst Unternehmen mit mehr als 10 Milliarden EUR durchaus noch als mittelständisch bezeichnen. Vor diesem Hintergrund erscheint eher eine Differenzierung zwischen kapitalmarktorientierten und nicht kapitalmarktorientierten Unternehmen angezeigt. Allerdings greift bei genauerer Betrachtung selbst diese Unterscheidung zu kurz. Selbst nicht kapitalmarktorientierte Unternehmen können im Zuge einer Finanzierung durch private equity Investoreninteressen unterliegen, die durchaus den Interessen von Aktionären vergleichbar sind.

Angemessener dürfte demzufolge eine Differenzierung nach dem finanziellen und operativen Einfluss des Hauptanteilseigners sein.[21] Mittelständische Unternehmen sind häufig dadurch geprägt, dass die Anreizdivergenzen zwischen Anteilseignern und Management verhältnismäßig gering sind. Bei haftungsbeschränkten Gesellschaften wird dies durch die subjektiv und/oder familiär geprägte Auswahl der Geschäftsführung durch die Gesellschafter sichergestellt; bei Personenhandelsgesellschaften fallen oft Anteilseigner und Geschäftsführer in einer Person zusammen.[22] Damit dürften Interessenkonflikte zwischen Anteilseignern und Management, die die Kapitalerhaltung eines Unternehmens untergraben können, im Mittelstand deutlich geringer ausgeprägt sein als in kapitalmarktorientierten Unternehmen.

4.2 Anreizkonflikte mittelständischer Anteilseigner und Fremdkapitalgeber

Die Notwendigkeit von Gläubigerschutz setzt zweierlei voraus: Gläubiger sind Interessenkonflikten ausgesetzt und können diese nur unzureichend abwehren oder zu Ihren Gunsten lösen. Im Kontext der Kreditvergabe kommen als potenzielle Konfliktparteien der Gläubiger die Manager eines Unternehmens oder dessen Anteilseigner in Betracht.

---

[21] Im Folgenden wird der Begriff „Anteilseigner" sowohl für die Eigenkapitalgeber von Personengesellschaften (Eigentümer) als auch für die Eigenkapitalgeber von Kapitalgesellschaften (Anteilseigner i.e.S.) verwendet.

[22] Vgl. zu den Leitungsbefugnissen bei verschiedenen Rechtsformen *Wöhe, G.* (2005), S. 260 ff.

Dem Management wird i.Allg. ein im Vergleich zu den Gläubigern kürzerer Planungshorizont zugeschrieben. Insbesondere bei Gewährung Gewinn basierter variabler Vergütungsbestandteile führt die Zeitpräferenzrate des Nutzens von Managern zum Anreiz des möglichst frühen Gewinnausweises. Damit gehen sie mit den Nutzenpräferenzen der Anteilseigner – jedenfalls in Abgrenzung zu den Fremdkapitalgebern – grundsätzlich konform. Diese Konformität wird durch die bereits im vorhergehenden Abschnitt beschriebenen für den Mittelstand typischen Verbindungen zwischen dem Management und den Anteilseignern eines Unternehmens noch verstärkt. Die Anreizdivergenzen zwischen Eigenkapital- und Fremdkapitalgebern erhalten dadurch noch stärkeres Gewicht.

Hierzu werden in der Literatur in Bezug auf die Wertsteigerung des Unternehmens suboptimale Investitionsstrategien der Anteilseigner/Manager diskutiert. So liegt ein sog. Unterinvestitionsproblem vor, wenn Anteilseigner/Manager, Rückflüsse aus fremdfinanzierten Investitionsprojekten nicht in unternehmensinterne Wert steigernde Projekte reinvestieren, sondern unter Inkaufnahme des Insolvenzrisikos ausschütten, um ihren eigenen Nutzen zu maximieren.[23] Ein sog. Überinvestitionsproblem tritt hingegen dann auf, wenn Anteilseigner/Manager Rückflüsse aus Investitionsprojekten in unternehmensinterne Projekte reinvestieren, deren Erwartungswert des Wertbeitrags negativ ist. Grund hierfür ist, dass die Anteilseigner/Manager im Falle einer Haftungsbeschränkung – ebenso wie die Fremdkapitalgeber – im schlechtesten Fall maximal ihr eingesetztes Kapital verlieren können, jedoch als residual claimants (nach Bedienung der Gläubiger) überproportional an den Rückflüssen partizipieren.[24]

Während dem Problem der Unterinvestition durch eine Verringerung der Gewinnausschüttung – z.B. durch die Verpflichtung zur Bildung von Rücklagen oder die Auflage von Ausschüttungssperren im Sinne des im HGB verankerten Gläubigerschutzes – begegnet werden kann, erhöhen diese Maßnahmen gerade das für Reinvestitionen zur Verfügung stehende Kapital und damit tendenziell das Ausmaß des Überinvestitionseffektes.[25] Den potenziellen Risiken durch Kapitalentzug steht die Förderung möglicherweise suboptimaler Mittelverwendung gegenüber. Schließlich stellt sich die Frage, ob Anteilseigner/Manager angesichts der mit dem Insolvenzfall verbundenen Transaktions-

---

[23] Vgl. *Wagenhofer, A./Ewert, R.* (2003), S. 155 f. mit illustrierenden Zahlenbeispielen.
[24] Vgl. *Wagenhofer, A./Ewert, R.* (2003), S. 176 f.
[25] Vgl. *Kuhner, C.* (2005), S. 769.

kosten in der gängigen Unternehmenspraxis tatsächlich willens sind, den Fortbestand des Unternehmens durch unangemessen hohe Ausschüttungen zu gefährden.

Im Kern reduziert sich die Diskussion auf den in der Literatur immer wieder angeführten Gläubigerschutz als „Korrelat" der Haftungsbeschränkung. Danach streben Fremdkapitalgeber innerhalb ihres Planungshorizonts die Bildung bzw. Erhöhung stiller Reserven zur Liquiditätssicherung und damit zur Vermeidung des Insolvenzfalls an. Außerhalb ihres Planungshorizonts konzentriert sich ihr Interesse auf die stillen Reserven zur Erhöhung des Haftungspotenzials im Insolvenzfall. Dieser Anreiz ist umso stärker, je höher das bereitgestellte Kreditvolumen ist. Da dies sehr häufig über den Einlagen der Anteilseigner liegt, ist der potenzielle Verlust im Insolvenzfall höher als der Verlust der Anteilseigner, sofern diese einer rechtsformspezifischen Haftungsbeschränkung unterliegen (bei Anteilseignern mit unbeschränkter Haftung stellt sich die Situation offensichtlich anders dar.)

Spätestens an dieser Stelle stellt sich die Frage, weshalb die systematische Benachteiligung der Fremdkapitalgeber gegenüber den Eigenkapitalgebern bei einer Rechnungslegung nach den IFRS nicht von den Kreditinstituten als Hauptgläubigergruppe selbst vorgetragen wird. Mit Ausnahme der Ausführungen der Deutschen Bundesbank zu möglichen stabilitätspolitischen Auswirkungen der Rechnungslegung nach den IFRS liegen keine kritischen Äußerungen vor. Vielmehr betont der stellvertretende Hauptgeschäftsführer des Bundesverbandes deutscher Banken in der FAZ vom 02.02.2006, dass sichergestellt sei, „… daß (sic!) ein Kreditnehmer weder Vor- noch Nachteile durch die Wahl eines bestimmten Bilanzierungsstandards…" erhalte. Offensichtlich schützen sich Gläubiger durch einzelvertraglich geregelte Sicherheiten selbst und/oder sie tragen den Verzerrungen und Unsicherheiten des Gewinnausweises nach IFRS im Vergleich zum Gewinnausweis nach HGB Rechnung. Im ersten Fall ist ein Gläubigerschutz durch die spezifische Ausgestaltung von Rechnungslegungsnormen überflüssig, im zweiten Fall sind der Gläubigerschutz von IFRS und HGB aus praktischer Sicht zumindest vergleichbar. Auch die Rolle der Lieferanten als schutzwürdige Gläubiger bleibt bei der Argumentation außer Acht. Stattdessen werden die Gründe für die Erhaltung des Gläubigerschutzes indirekt oder direkt von den Anteilseignern der Unternehmen, die jedoch selbst über die Ausschüttung des Gewinns entscheiden, formuliert.

5 Abschließende Bemerkungen

Die Institutionalisierung Kapital erhaltender Maßnahmen ist immer dann notwendig, wenn diejenigen Personen, die über die Höhe der Ausschüttung auf Basis des ermittelten Gewinns entscheiden, nicht in der Lage oder willens sind, auf eine den Fortbestand des Unternehmens gefährdende Verringerung der Liquidität und/oder des Vermögens zu verzichten. Auch wenn eine diesbezügliche Interessendivergenz zwischen Eigen- und Fremdkapitalgebern aus den dargestellten Gründen nicht in allen Fällen beobachtbar sein dürfte, so legen zumindest die starken Einschränkungen der Einflussnahme von Gläubigern auf Ausschüttungsentscheidungen zusätzliche Instrumente des Interessenschutzes nahe. Covenants im anglo-amerikanischen Unternehmensumfeld bestätigen dies.

Unklar bleibt jedoch, wie effektiv der im deutschen Handels- und Gesellschaftsrecht verankerte Gläubigerschutz tatsächlich ist. So erscheint insbesondere die vorsichtige Gewinn*ermittlung* infolge der impliziten Wahlrechte und der mangelnden Transparenz gerade in Phasen ökonomischer Anspannung in ihrer Bedeutung eher zweifelhaft. Strikt davon zu trennen sind hingegen die Instrumente zur Bemessung der Gewinn*ausschüttung*. Aufgrund der Transparenz der kodifizierten Maßnahmen ist deren Effektivitätsbeurteilung eher möglich. Von zentralem Interesse ist dabei der systematische Vergleich mit alternativen Vorgehensweisen wie covenants oder dem von der Rickford-Gruppe vorgeschlagenen Solvency-Test.

Zu beurteilen ist dabei auch, ob der Kapitalschutz einzelvertraglich oder gesetzlich geregelt werden sollte. Auch wenn einzelvertragliche Vereinbarungen zwischen Kreditnehmern und -gebern den maximalen Gestaltungsfreiraum und damit das Potenzial für aus Sicht beider Vertragspartner effiziente Lösungen aufweisen, sprechen Marktunvollkommenheiten eher für ein kodifiziertes Regelwerk. So sind bei einzelvertraglichen Regelungen kleinere Transaktionspartner (d.h. Gläubiger) systematisch gegenüber Großgläubigern im Nachteil, da ihre mit einem Kreditvertrag verbundenen relativen Transaktionskosten höher sind als die der Großgläubiger.[26] Außerdem dürfte für viele kleinere Gläubiger die Durchsetzbarkeit einzelvertraglicher Regelungen fraglich sein.[27]

---

[26] Vgl. *Merkt, H.* (2004), S. 313.
[27] Vgl. *Merkt, H.* (2004), S. 313.

Schließlich können kodifizierte Normen Regelungslücken schließen und damit die Problematik unvollkommener Verträge eingrenzen.[28]

Die Diskussion um den Gläubigerschutz steht u.E. jedenfalls erst am Anfang: EU-Mitgliedstaaten, die in Einklang mit der IAS-Verordnung ihren Unternehmen das Wahlrecht zur Erstellung befreiender IFRS-Einzelabschlüsse einräumen, werden sich mit der Entwicklung ergänzender Maßnahmen und Regelungen zur Sicherung des Gläubigerschutzes beschäftigen. Sachorientierte und konstruktive Eingaben können dazu beitragen, unter Harmonisierungsdruck stehende politische Entscheidungsträger auf europäischer Ebene an den Erfahrungen der Unternehmen partizipieren zu lassen. Der deutsche Mittelstand hat dabei sicherlich viel zu sagen.

---

[28] Vgl. *Kirchner, C.* (1995), S. 199.

Literaturverzeichnis

Adensamer, N./Bervoets, C. (2003): Nationaler Gläubigerschutz auf dem Prüfstand – Die Entscheidung des EuGH in der Rs „Inspire Art", in: Österreichisches Recht der Wirtschaft 2003, Heft 11, S. 617-620.

Alberth, M. R. (1998): US-amerikanische Gläubigerbilanzen durch Covenants in Verträgen, der Versuch einer weltweiten Kategorisierung der Rechnungslegung und Folgen für die internationale Harmonisierungsdiskussion, in: Zeitschrift für Betriebswirtschaft 1998, Heft 8, S. 803-824.

Altmeppen, H. (2004): Schutz vor europäischen Kapitalgesellschaften, in: Neue Juristische Wochenschrift 2004, Heft 3, S. 97-104.

Baetge, J./Kirsch, H.-J./Thiele, S. (2005): Bilanzen, 8. Aufl., Düsseldorf 2005.

Baetge, J./Lienau, A. (2005): Der Gläubigerschutzgedanke im Mixed Fair Value-Modell des IASB, in: Schneider, D. (Hrsg.) (2005), Kritisches zu Rechnungslegung und Unternehmensbesteuerung – Festschrift für Theodor Siegel, Berlin 2005, S. 65-86.

Ballwieser, W. (1997): Grenzen des Vergleichs von Rechnungslegungssystemen – dargestellt anhand von HGB, US-GAAP und IAS, in: Forster, K.-H. et al. (Hrsg.) (1997), Aktien- und Bilanzrecht, Festschrift für Bruno Kropff, Düsseldorf 1997, S. 372-391.

Buchholz, R. (2005): Internationale Rechnungslegung, 5. Aufl., München 2005.

Ebke, W. F. (2003): Das Schicksal der Sitztheorie nach dem Centros-Urteil des EuGH, in: JuristenZeitung 2003, Heft 13, S. 656-661.

Forsthoff, U. (2002a): Abschied von der Sitztheorie – Anmerkung zu den Schlussanträgen des GA Dàmaso Ruiz-Jarabo Colomer in der Rs. Überseering, in: Betriebs-Berater 2002, Heft 7, S. 318-321.

Forsthoff, U. (2002b): EuGH fördert Vielfalt im Gesellschaftsrecht – Traditionelle deutsche Sitztheorie verstößt gegen Niederlassungsfreiheit, in: Der Betrieb 2002, Heft 47, S. 2471-2477.

Halen, C. v. (2002): Der Streit um die Sitztheorie vor der Entscheidung? – Besprechung der Schlussanträge des Generalanwalts vom 4. 12. 2001 zum Vorabentscheidungsersuchen des BGH vom 30. 3. 2000, in: Europäisches Wirtschafts- und Steuerrecht 2002, Heft 3, S. 107-115.

Hopt, K. J. (2002), Gesellschaftsrecht im Wandel, in: Wank, R. (Hrsg.) (2002), Festschrift für Herbert Wiedemann zum 70. Geburtstag, München 2002, S. 1013-1032.

Kirchner, C. (1995): Legitimationsprobleme in der europäischen Verfassung, in: Staatswissenschaft und Staatspraxis 1995, Heft 2, S. 183-207.

Kuhner, C. (2005): Zur Zukunft der Kapitalerhaltung durch bilanzielle Ausschüttungssperren im Gesellschaftsrecht der Staaten Europas, in: Zeitschrift für Unternehmens- und Gesellschaftsrecht 2005, Heft 6, S. 753-787.

Leftwich, R. (1983): Accounting information in private markets – Evidence from private lending agreements, in: The Accounting Review 1983, Heft 1, S. 23-42.

Leuz, C. (1998): The rule of accrual accounting in restricting dividends to shareholders, in: The European Accounting Review 2002, Heft 4, S. 579-604.

Lutter, M. (2004): Perspektiven des Gesellschaftsrechts in Deutschland und Europa, in: Betriebs-Berater 2004, Heft 1, S. I.

Maul, S./Schmidt, C. (2003): Inspire Art – Quo vadis Sitztheorie?, in Betriebs-Berater 2003, Heft 44, S. 2297.

Merkt, H. (1999): Konsequenzen aus dem Centros-Urteil für den nationalen Gesetzgeber, in: Gesellschaftsrechtliche Vereinigung - Wissenschaftliche Vereinigung für Unternehmens- und Gesellschaftsrecht (VGR) e.V. (Hrsg.) (2000), Gesellschaftsrecht in der Diskussion – Jahrestagung 1999 der Gesellschaftsrechtlichen Vereinigung (VGR), Köln 2000, S. 111-150.

Merkt, H. (2004): Der Kapitalschutz in Europa – ein rocher de bronze?, in: Zeitschrift für Unternehmens- und Gesellschaftsrecht 2004, Heft 3-4, S. 305-323.

Niehues, M. (2001): EU-Rechnungslegungsstrategie und Gläubigerschutz, in: Die Wirtschaftsprüfung 2006, Heft 21, S. 1209-1222.

o. V. (2006a): Mittelstand gegen IFRS – Gesellschaften wollen Einfluß auf Bilanzrichtlinien nehmen / „Todesstoß für GmbH & Co. KG", in: Frankfurter Allgemeine Zeitung 2006, Ausgabe vom 20.01.2006, S. 11.

o. V. (2006b): Gefahr aus London – Der Mittelstand wehrt sich gegen die neuen Rechnungslegungsregeln und hofft auf die EU, in: Frankfurter Allgemeine Zeitung 2006, Ausgabe vom 29.08.2006, S. 17.

Pellens, B./Sellhorn, T. (2006): Zukunft des bilanziellen Kapitalschutzes, in: Lutter, M. (Hrsg.) (2006), Das Kapital der Aktiengesellschaft in Europa, Sonderheft 17 der Zeitschrift für Unternehmens- und Gesellschaftsrecht, Berlin 2006, S. 451-487.

Rickford, J. (2004): Reforming Capital: Report of the Interdisciplinary Group on Capital Maintenance, in: European Business Law Review 2004, Heft 4, S. 919-1027.

Ruhnke, K. (2005): Rechnungslegung nach IFRS und HGB, Stuttgart 2005.

Sandrock, O. (1999): Centros – ein Etappensieg für die Überlagerungstheorie, in Betriebs-Berater 1999, Heft 26, S. 1337-1345.

Sandrock, O. (2002): Deutschland als gelobtes Land des Kapitalgesellschaftsrechts? – Manches in Deutschland kann nur von Europa aus saniert werden, in: Betriebs-Berater 2002, Heft 32, S. 1601-1603.

Siegel, T. (1998): Zeitwertbilanzierung für das deutsche Bilanzrecht?, in: Betriebswirtschaftliche Forschung und Praxis, Heft 5, S. 593-603.

Wagenhofer, A./Ewert, R. (2003): Externe Unternehmensrechnung, Berlin et al. 2003.

Wöhe, G. (2005): Einführung in die Allgemeine Betriebswirtschaftslehre, 22. Aufl., München 2005.

Ziemons, H. (2003): Freie Bahn für den Umzug von Gesellschaften nach Inspire Art?!, in: Zeitschrift für Wirtschaftsrecht 2003, Heft 42, S. 1913-1920.

Jörg Baetge/Daniela Maresch[*]

Zeigt ein IFRS-Abschluss die wirtschaftliche Lage besser als ein HGB-Abschluss?

1	Einleitung
2	Anforderungen an den Jahresabschluss zur besseren Darstellung der wirtschaftlichen Lage
3	Die Qualität der Abbildung der wirtschaftlichen Lage bei ausgewählten IFRS
3.1	Immaterielle Vermögensgegenstände
3.1.1	Selbst erstellte immaterielle Vermögensgegenstände
3.1.2	Geschäfts- oder Firmenwert
3.1.2.1	Erstmaliger Ansatz
3.1.2.2	Folgebewertung
3.2	Sachanlagevermögen
3.3	Als Finanzinvestition gehaltene Immobilien
3.4	Eigenkapital
3.5	Rückstellungen und Eventualschulden
3.6	Percentage-of-completion Methode
3.7	Anwendung von Kalkülen zur Ermittlung von Fair Values (mark-to-model)
4	Die Kapitalkosten nach einem Übergang von einer HGB- auf eine IFRS-Bilanzierung (empirische Forschungsergebnisse)
5	Ergebnis

Literaturverzeichnis

---

[*] Professor Dr. Dr. h.c. Jörg Baetge, Fakultät für Wirtschaftswissenschaften der Westfälischen Wilhelms-Universität Münster, Honorarprofessor an der Universität Wien; Mag. Daniela Maresch, Institut für Revisions-, Treuhand- und Rechnungswesen der Wirtschaftsuniversität Wien.

1 Einleitung

Mit der Einführung der Pflicht, die International Financial Reporting Standards (IFRS) auf fast alle Konzernabschlüsse kapitalmarktorientierter Unternehmen ab Beginn des Geschäftsjahres 2005 anzuwenden, liegt nun eine große Zahl von IFRS-Konzernabschlüssen vor. Durch die Umstellung auf die internationalen Rechnungslegungsstandards versprach man sich nicht nur eine erhöhte Vergleichbarkeit, sondern auch mehr Transparenz und Qualität in der Finanzberichterstattung als unter den bisher angewandten nationalen Rechnungslegungsvorschriften.[1] Die IFRS verfolgen als primären Zweck, entscheidungsnützliche Informationen zu vermitteln. Hierdurch sollen den Investoren bessere Informationen für ihre Investitionsentscheidungen und für die Einschätzung des Risikos geboten werden, wodurch sich die Effizienz der Kapitalmärkte erhöhen und die Kapitalkosten der Unternehmen vermindern sollen.[2]

Damit Rechnungslegungsinformationen indes als Entscheidungsgrundlage geeignet sind (Entscheidungsnützlichkeit), müssen sie bestimmten Anforderungen genügen. Hierbei sind vor allem die Kriterien der *Entscheidungsrelevanz* sowie der *Zuverlässigkeit* von zentraler Bedeutung. Der vorliegende Beitrag verfolgt das Ziel, auf Basis ausgewählter IFRS zu zeigen, ob und wie weit das in der internationalen Rechnungslegung verfolgte Ziel, entscheidungsnützliche Informationen zu vermitteln, besser erreicht werden kann als durch die bisher anzuwendenden handelsrechtlichen Rechnungslegungsgrundsätze. Außerdem soll geklärt werden, ob das mit der Einführung der IFRS verfolgte Ziel der höheren Kapitalmarkteffizienz sowie die hieraus resultierenden niedrigeren Kapitalkosten für die IFRS-Anwender empirisch belegt werden kann.

2 Anforderungen an den Jahresabschluss zur besseren Darstellung der wirtschaftlichen Lage

IFRS-Jahresabschlüsse sollen den Kapitalgebern entscheidungsnützliche, d.h. entscheidungsrelevante, aber zugleich auch zuverlässige Informationen bieten. Als *entscheidungsrelevant* sind Informationen immer dann anzusehen, wenn durch sie die Einschätzungen der Investoren bestätigt oder korrigiert werden. Darüber hinaus müssen ent-

---

[1] Vgl. Art. 4 der Verordnung (EG) Nr. 1606/2002 des Europäischen Parlaments und des Rates vom 19.07.2002 betreffend die Anwendung internationaler Rechnungslegungsstandards.
[2] Vgl. *Daske, H.* (2005), S. 455.

scheidungsrelevante Informationen frei von wesentlichen Fehlern und subjektiven Verzerrungen sein. Außerdem sieht der IASB Informationen dann als entscheidungsrelevant an, wenn die Jahresabschlussadressaten auf Basis dieser Informationen die Fähigkeit des Unternehmens, Cashflows zu erwirtschaften, sowie den Zeitpunkt und die Wahrscheinlichkeit des Entstehens dieser Cashflows einschätzen können. Als *zuverlässig* sind Informationen immer dann anzusehen, wenn sie objektiv und willkürfrei sind, sodass die Investoren auf die glaubwürdige Darstellung des Vermögens und der Schulden vertrauen können. Das IFRS-Framework verlangt, dass die Informationen auch das Kriterium der Verlässlichkeit erfüllen. Aus den beiden Anforderungen ergibt sich indes häufig ein Zielkonflikt, da entscheidungsrelevante (zukunftsgerichtete) Informationen zahlreichen Interpretations- und Ermessensspielräumen unterliegen, die der Bilanzierende für Bilanzpolitik und damit zu seinem eigenen Vorteil nutzen kann. Somit leidet die Verlässlichkeit der Jahresabschlussdaten, da den externen Bilanzadressaten die Nachvollziehbarkeit der vom Bilanzierenden gesetzten Prämissen und der verwendeten Parameter für zukunftsgerichtete Jahresabschlussinformationen trotz aller von den IFRS geforderten Anhangangaben nicht möglich ist.

Mit der Fokussierung auf die Informationsbedürfnisse der Investoren tritt die Entscheidungsnützlichkeit von Rechnungslegungsinformationen mit Hilfe von IFRS-Abschlüssen an die Stelle der bisherigen gläubigerschutzorientierten HGB-Rechnungslegung.

Im Folgenden wird diese Problematik anhand ausgewählter Standards, für die das Zuverlässigkeits-Kriterium als nicht erfüllt angesehen werden kann, erörtert.

3 Die Qualität der Abbildung der wirtschaftlichen Lage bei ausgewählten IFRS

3.1 Immaterielle Vermögensgegenstände

3.1.1 Selbst erstellte immaterielle Vermögensgegenstände

Die Bilanzierung immaterieller Vermögenswerte ist in IAS 38 geregelt. Die Zielsetzung dieses Standards liegt einerseits in einer Gleichbehandlung immaterieller Vermögensgegenstände unabhängig von ihrer Zugangsart (Kauf oder Selbsterstellung) sowie andererseits in der Vermeidung einer asymmetrischen Behandlung von langfristigen immateriellen und materiellen Vermögenswerten.[3] Um dieses Ziel zu erreichen, ermöglicht bzw. verlangt IAS 38 unter bestimmten Voraussetzungen die Aktivierung selbst erstellter immaterieller Vermögenswerte. Hierfür ist zunächst eine Beurteilung erforderlich, ob die in der Periode angefallenen Aufwendungen der Forschungs- oder der Entwicklungsphase zuzuordnen sind. Während Forschungsaufwendungen im Sinne von IAS 38.54-56 in der jeweiligen Periode als Aufwand zu erfassen sind, sind die angefallenen Entwicklungsaufwendungen gem. IAS 38.57 bei Vorliegen der Voraussetzungen zwingend zu aktivieren. Das Unternehmen hat hierzu die folgenden sechs Nachweise kumulativ zu erbringen:

(1) Technische Realisierbarkeit der Fertigstellung, damit der immaterielle Vermögenswert zur internen Nutzung oder zum Verkauf zur Verfügung steht;

(2) Absicht, den immateriellen Vermögensgegenstand fertig zu stellen und ihn zu nutzen oder zu verkaufen;

(3) Fähigkeit, den immateriellen Vermögensgegenstand zu nutzen oder zu verkaufen;

(4) Voraussichtlicher künftiger wirtschaftlicher Nutzen;

(5) Verfügbarkeit ausreichender finanzieller und sonstiger Ressourcen, um die Entwicklung abzuschließen und den immateriellen Vermögenswert nutzen oder verkaufen zu können;

(6) Fähigkeit, die dem immateriellen Vermögenswert bei der Entwicklung zuzurechnenden Ausgaben verlässlich zu bewerten.

Die Aktivierungspflicht knüpft an das Vorliegen ermessensabhängiger Aktivierungskriterien an und eröffnet damit einen breiten Interpretations- und Ermessensspielraum für das bilanzierende Unternehmen. Das bilanzierende Unternehmen kann den zu aktivierenden Betrag einerseits durch die nicht eindeutige Abgrenzbarkeit der Forschungs- und der Entwicklungsphase steuern, andererseits durch die Erfüllung bzw. Nichterfüllung der Ansatzkriterien.[4] Die Möglichkeit, mit der Aktivierung von Entwicklungskosten das bilanzielle Ergebnis zu gestalten, lässt sich durch den Vergleich der Aktivierungsquoten von Automobilkonzernen veranschaulichen:

---

[3] Vgl. *Höllerschmid, C.* (2006), S. 159 f.
[4] Vgl. *Rammert, S.* (2006), Rz. 25.

Einfluss von F&E auf das Konzernergebnis der Volkswagen AG					
	2001	2002	2003	2004	2005
Umsatz	88.540	86.948	87.153	88.963	95.268
Ergebnis vor Steuern	4.409	3.986	1.529	1.099	1.722
Aktivierte Entwicklungskosten (Zugänge)	2.180	2.460	2.160	1.501	1.432
Abschreibungen auf die aktivierten Entwicklungskosten	917	1.980	1.546	1.134	1.438
Forschungskosten und nicht aktivierte Entwicklungskosten	1.743	1.911	1.980	2.663	2.643
Entlastungsquote[5]	29%	12%	40%	33%	0%
F&E/Umsatz	4,4%	5,0%	4,8%	4,7%	4,3%
Aktivierungsquote	56%	56%	52%	36%	35%

Abb. 1: Einfluss von F&E auf das Konzernergebnis der Volkswagen AG
(Konzernabschlusszahlen in Mio. EUR)

Während das Verhältnis der gesamten Forschungs- und Entwicklungskosten[6] zum Umsatz geringen Schwankungen unterliegt, sind die auf Basis der IFRS-Konzernabschlüsse der Volkswagen AG berechneten Aktivierungsquoten der Geschäftsjahre 2001 bis 2005 durch ein plötzliches Absinken von 52% auf 36% im Geschäftsjahr 2004 gekennzeichnet. Die ausschließliche Beachtung der Aktivierungsquote verzerrt indes das Bild über die wirtschaftliche Lage des betrachteten Unternehmens, da das Ergebnis nicht nur durch die Aktivierung von Entwicklungskosten entlastet, sondern gleichzeitig auch durch die künftig zu berücksichtigenden Abschreibungen auf die aktivierten Entwicklungskosten belastet wird. Demzufolge ist es erforderlich, auch das Verhältnis der tatsächlichen Ergebnisentlastung als Differenz der aktivierten Entwicklungskosten und der auf selbst erstellte immaterielle Vermögensgegenstände entfallenden Abschreibungen zum Ergebnis vor Steuern (Entlastungsquote) zu betrachten. Eine klare Tendenz kann bei VW hierbei nicht erkannt werden. Interessant ist, dass bei fast gleicher Aktivierungsquote in 2004 und 2005 wegen der höheren Abschreibungen auf die bereits aktivierten Entwicklungskosten in 2005 das Ergebnis in 2005 nicht entlastet wird (Entlastungsquote = 0%).

---

[5] Die Entlastungsquote enthält im Zähler die Differenz zwischen aktivierten Entwicklungskosten und Abschreibungen auf die aktivierten Entwicklungskosten, der Nenner umfasst das Ergebnis vor Steuern.

[6] Die gesamten F&E-Kosten umfassen sowohl die aufwandswirksamen Forschungs- und Entwicklungskosten als auch die aktivierten Entwicklungskosten.

Einfluss von F&E auf das Konzernergebnis der BMW AG					
	2001	2002	2003	2004	2005
Umsatz	38.463	42.282	41.525	44.335	46.656
Ergebnis vor Steuern	3.242	3.297	3.205	3.554	3.287
Aktivierte Entwicklungskosten (Zugänge)	665	858	996	1.121	1.396
Abschreibungen auf die aktivierten Entwicklungskosten	427	534	582	637	745
Forschungskosten und nicht aktivierte Entwicklungskosten	1.663	2.011	2.146	2.334	2.464
Entlastungsquote	7%	10%	13%	14%	20%
F&E/Umsatz	6,1%	6,8%	7,6%	7,8%	8,3%
Aktivierungsquote	29%	30%	32%	32%	36%

Abb. 2: Einfluss von F&E auf das Konzernergebnis der BMW AG
(Konzernabschlusszahlen in Mio. EUR)

Auch die BMW AG hat im IFRS-Konzernabschluss während des gesamten Untersuchungszeitraums Entwicklungskosten aktiviert. Im Vergleich zum Konzernabschluss der Volkswagen AG zeigt sich indes ein kontinuierlicher Anstieg sowohl der aufwandswirksam erfassten Forschungs- und Entwicklungskosten als auch der aktivierten Entwicklungskosten. Dieser Anstieg spiegelt sich auch in der Aktivierungsquote wider. Während sich die Aktivierungsquoten der beiden Unternehmen im Geschäftsjahr 2005 beinahe entsprechen, weist die VW AG in den Geschäftsjahren 2001 bis 2003 eine erheblich höhere Aktivierungsquote auf.

Die Aktivierung von Entwicklungskosten trägt dazu bei, das Ergebnis zu entlasten und ein besseres Bild der wirtschaftlichen Lage des Unternehmens bzw. Konzerns zu vermitteln als es nach HGB möglich ist. Einer hohen Aktivierungsquote haftet indes – aus Sicht der Abschlussadressaten – das Signal einer schlechten Ertragslage an.[7] VW sah sich den Vorwürfen der Ergebnisschönung ausgesetzt,[8] weshalb VW die Aktivierungsquote im Geschäftsjahr 2004 wohl auf ein branchenübliches Maß herabgesetzt hat.

---

[7] Vgl. *Wagenhofer, A.* (2005), S. 581.
[8] Vgl. etwa *Lückmann, R./Hofmann, J.* (2003), S. 14.

Einfluss von F&E auf das Konzernergebnis der DaimlerChrysler AG					
	2001	2002	2003	2004	2005
Umsatz	152.873	149.583	136.437	142.059	149.776
Ergebnis vor Steuern	-1.483	6.068	596	3.535	3.438
Forschungskosten und nicht aktivierte Entwicklungskosten	5.933	6.071	5.571	5.658	5.649
F&E/Umsatz	3,9%	4,1%	4,1%	4,0%	3,8%

Abb. 3: Einfluss von F&E auf das Konzernergebnis der DaimlerChrysler AG (Konzernabschlusszahlen in Mio. EUR)

Im Gegensatz zu Volkswagen sowie BMW aktiviert die DaimlerChrysler AG in ihrem US-GAAP-Konzernabschluss keine Entwicklungskosten, da eine solche Aktivierung nach US-GAAP generell nicht zulässig ist.[9] Auffallend ist, dass der Anteil der aufwandswirksam erfassten Forschungs- und Entwicklungskosten am Umsatz nur geringen Schwankungen unterlag und dass die aufwandswirksam erfassten Forschungs- und Entwicklungskosten in allen Geschäftsjahren – mit Ausnahme des Jahres 2002 – ein Vielfaches des Konzernergebnisses ausmachten. Trotz der zwar in den vergangenen Jahren verbesserten Gewinnsituation belasten die gesamten Forschungs- und Entwicklungsaufwendungen von DaimlerChrysler das Ergebnis im Vergleich zu BMW und VW.

Die Analyse dieser Unternehmen der Automobilbranche hinsichtlich des Einflusses von Forschungs- und Entwicklungskosten auf das jeweilige Konzernergebnis zeigt, dass ein zwischenbetrieblicher Vergleich von nach internationalen Rechnungslegungsstandards – IFRS bzw. US-GAAP – erstellten Jahresabschlüssen kaum möglich ist. Während IAS 38 durch die zu erbringenden Nachweise einen weit reichenden Ermessensspielraum eröffnet, unterliegen Forschungs- und Entwicklungskosten von nach US-GAAP bilanzierenden Unternehmen einem Aktivierungsverbot und belasten somit das jeweilige Periodenergebnis.

3.1.2 Geschäfts- oder Firmenwert

3.1.2.1 Erstmaliger Ansatz

Der Geschäfts- oder Firmenwert eines IFRS-Konzernabschlusses entspricht gem. IFRS 3.51 der Differenz zwischen den Anschaffungskosten der Beteiligung und dem zu Zeitwerten bewerteten anteiligen Reinvermögen (partial goodwill method). In der vor-

---

[9] Vgl. hierzu ausführlich *Höllerschmid, C.* (2006), S. 159.

geschlagenen Neufassung von IFRS 3 erfolgt indes – wie in Phase II des Business Combinations-Projekts vorgesehen – ein Übergang zur full goodwill method.[10] Der Geschäfts- oder Firmenwert soll gem. ED IFRS 3.49 künftig – unabhängig von der Höhe der erworbenen Beteiligung – durch die Gegenüberstellung des Gesamtunternehmenswerts des erworbenen Tochterunternehmens und des zu Zeitwerten bewerteten gesamten Reinvermögens ermittelt werden. Der Geschäfts- oder Firmenwert wird folglich als Vermögenswert angesehen, der – wie die übrigen Vermögenswerte – einzeln identifiziert werden kann und für den daher eine Bewertung mit dem Fair Value möglich ist.

Diese konzeptionelle Neuerung wurde im IASB kontrovers diskutiert.[11] Die alternative views machen deutlich, dass sich der Geschäfts- oder Firmenwert von den übrigen Vermögenswerten insofern unterscheidet, als er eine Komponente des gesamten Unternehmenswertes darstellt und eine gesonderte Identifizierung folglich nicht möglich ist.[12] Außerdem sei auch die Ermittlung der Höhe des Geschäfts- oder Firmenwertes schwierig, da sich in ihm als Residualgröße Bewertungsfehler bzw. eine Nichterfassung bestimmter Vermögenswerte niederschlagen.[13] Hauptproblem ist u.E. aber die gem. ED IFRS 3.19 geforderte Ermittlung des Gesamtunternehmenswerts im Zeitpunkt des Erwerbs.[14] Der Gesamtunternehmenswert soll demjenigen Betrag entsprechen, der zwischen sachkundigen, voneinander unabhängigen Parteien für einen 100%igen Anteil als Gegenleistung vereinbart worden wäre, wenn keine der beiden Parteien unter Kauf- bzw. Verkaufsdruck steht. Im Falle eines Erwerbs einer 100%igen Beteiligung ist davon auszugehen, dass die Gegenleistung des erwerbenden Unternehmens den Gesamtunternehmenswert am besten wiedergibt.[15] Indes soll überprüft werden, ob es Anhaltspunkte dafür gibt, dass der Verkäufer unter Zwang gehandelt hat oder ob der Wert des erworbenen Unternehmens einfacher zu ermitteln ist als der Wert der Gegenleistung.[16] In diesen Fällen darf die Gegenleistung nicht als Maß für den Gesamtunternehmenswert herangezogen werden. Dies gilt auch für diejenigen Fälle, in denen keine 100%ige Beteiligung akquiriert wird; auch hier kann der Kaufpreis nicht als repräsentative Größe

---

[10] Vgl. etwa *Hayn, S.* (2005), S. 429.
[11] Fünf der vierzehn Mitglieder des Board stimmten gegen eine Einführung der full goodwill method. Vgl. ED IFRS 3.AV2.
[12] Vgl. ED IFRS 3.AV3.
[13] Vgl. ED IFRS 3.AV4.
[14] Vgl. etwa *Andrejewski, K. C./Fladung, H.-D./Kühn, S.* (2006), S. 82 f.; *Pellens, B./Sellhorn, T./Amshoff, H.* (2005), S. 1752.
[15] Vgl. ED IFRS 3.A10.
[16] ED IFRS 3.A18 (c) nennt als Beispiel hierfür den Zusammenschluss zweier nicht börsennotierter Unternehmen durch Anteilstausch.

für den Wert des Unternehmens als Ganzes herangezogen werden.[17] In diesen Fällen soll in einem ersten Schritt auf verfügbare Preise vergleichbarer Unternehmen abgestellt werden. Gibt es keine vergleichbaren Unternehmen, so ist auf Bewertungsverfahren zurückzugreifen, für die die relevanten Daten verfügbar sind. Als Beispiele für solche Bewertungsverfahren nennt ED IFRS 3.A19 den market approach, den income approach sowie auf diesen Verfahren basierende Variationen. Sowohl der market approach als auch der income approach bieten aufgrund der erforderlichen Prognose zukünftiger Zahlungsströme erhebliche bilanzpolitische Spielräume.[18]

Erhebliche bilanzpolitische Spielräume ergeben sich bei der Bilanzierung des Geschäfts- oder Firmenwertes auch bei der erstmaligen Anwendung der IFRS. Gem. IFRS 1.15 i.V.m. IFRS 1.Anhang B besteht das Wahlrecht, IFRS 3 auf alle vorangegangenen Unternehmenszusammenschlüsse entweder retrospektiv anzuwenden, oder IFRS 3 auf alle vorangegangenen Unternehmenszusammenschlüsse ab einem von dem Unternehmen gewählten Zeitpunkt retrospektiv anzuwenden oder IFRS 3 prospektiv auf alle ab dem Übergangszeitpunkt stattgefundenen Unternehmenszusammenschlüsse anzuwenden.

Eine *retrospektive Anwendung des IFRS 3* ist indes aus Praktikabilitätsgründen kaum möglich, da die erforderlichen Informationen in der Regel nur unter Einfluss nachträglich erlangter besserer Erkenntnisse generiert werden können.[19] Bei *prospektiver Anwendung* kann das auf IFRS umstellende Unternehmen im Wesentlichen die bisherige Vorgehensweise und die bisherigen Wertansätze beibehalten, es sind aber die Vorschriften des IFRS 1.Anhang B2 (a)-(k) zu beachten. Für einen Geschäfts- oder Firmenwert, der nach handelsrechtlichen Rechnungslegungsgrundsätzen ermittelt wurde, bedeutet dies, dass er bei Inanspruchnahme des Wahlrechts der prospektiven Anwendung von IFRS 3 grundsätzlich unverändert in die Eröffnungsbilanz übernommen werden darf.[20] Ein Geschäfts- oder Firmenwert, der erfolgsneutral mit den Rücklagen verrechnet wurde, darf weder in der IFRS-Eröffnungsbilanz angesetzt werden noch bei späterem Abgang des Tochterunternehmens erfolgswirksam erfasst werden.[21]

---

[17] Vgl. ED IFRS 3.A11.
[18] Vgl. *Pellens, B./Sellhorn, T./Amshoff, H.* (2005), S. 1753.
[19] Vgl. *Baetge, J./Bischof, S./Matena, S.* (2005), Tz. 60.
[20] Für die unter Umständen noch erforderlichen Anpassungen vgl. *Baetge, J./Bischof, S./Matena, S.* (2005), Tz. 76.
[21] Vgl. etwa *Theile, C.* (2003), S. 1749.

Die Vielzahl bilanzpolitischer Spielräume, die hier lediglich für Unternehmenszusammenschlüsse dargestellt wurde, indes auch bei allen anderen in IFRS 1 eingeräumten Wahlrechten gilt, verhindert auf Jahre hinaus selbst die Vergleichbarkeit von Unternehmen derselben Branche, die beide erstmalig einen IFRS-Abschluss erstellen. IFRS-Abschlüsse von Erstanwendern lassen sich aber noch viel weniger mit jenen anderer IFRS-Bilanzierer vergleichen.

3.1.2.2 Folgebewertung

IFRS 3.55 normiert, dass ein Geschäfts- oder Firmenwert nach seinem erstmaligen Ansatz in einem IFRS-Abschluss nicht planmäßig abgeschrieben werden darf, sondern lediglich einmal jährlich einem Impairment-Test gem. IAS 36 zu unterziehen ist. Gem. IAS 36.80 ist der Geschäfts- oder Firmenwert zunächst im Zeitpunkt des Unternehmenszusammenschlusses[22] auf Zahlungsmittel generierende Einheiten (ZGE) zuzuordnen. Der Geschäfts- oder Firmenwert ist hierfür auf der tiefsten hierarchischen Ebene innerhalb des Unternehmens zuzuordnen, auf der er zur internen Steuerung überwacht wird. Hierbei soll es sich zumindest um die Ebene handeln, auf der das primäre oder sekundäre Berichtsformat im Sinne des IAS 14 gebildet wird. Bei einer Umstrukturierung kann die Zuordnung des Geschäfts- oder Firmenwertes verändert werden. Auch hier liegt erhebliches bilanzpolitisches Potenzial.

Beim Impairment-Test handelt es sich um ein zweistufiges Verfahren. Auf der ersten Stufe ist der Buchwert dem erzielbaren Betrag der kleinsten ZGE, der ein Geschäfts- oder Firmenwert zugeordnet wurde, gegenüberzustellen. Der erzielbare Betrag ist gem. IAS 36.18 definiert als der höhere der beiden Beträge aus beizulegendem Zeitwert abzüglich der Verkaufskosten und dem Nutzungswert. Letzterer entspricht der Summe der diskontierten Cashflows der ZGE. Der Nutzungswert „bietet" dem Bilanzierenden einen großen Ermessensspielraum hinsichtlich der zu verwendenden Parameter. Übersteigt der erzielbare Betrag den Buchwert oder entspricht er diesem, so liegt kein Abwertungsbedarf vor. Ist der erzielbare Betrag hingegen kleiner als der Buchwert, so ist auf der zweiten Stufe des Impairment-Tests der Wertminderungsaufwand zunächst dem Geschäfts- oder Firmenwert zuzurechnen. Bleibt weiterer Wertminderungsbedarf, ist

---

[22] Sollte die erstmalige Zuordnung nicht in dem Geschäftsjahr möglich sein, in dem der Unternehmenszusammenschluss stattfand, so muss die Zuordnung gem. IAS 36.84 zumindest bis zum Ende des folgenden Geschäftsjahrs erfolgt sein.

dieser betragsproportional auf die anderen Vermögenswerte der Einheit zuzuordnen. Bei der Zuordnung des Wertminderungsaufwands auf die einzelnen Vermögenswerte ist gem. IAS 36.105 darauf zu achten, dass der Buchwert der einzelnen Vermögenswerte nicht unter den beizulegenden Zeitwert abzüglich der Verkaufskosten, den Nutzungswert oder Null fällt.

Eine spätere Wertaufholung für einen Geschäfts- oder Firmenwert ist gem. IAS 36.124 nicht zulässig. Begründet wird dies damit, dass eine nachfolgende Erhöhung des Geschäfts- oder Firmenwertes in der Regel auf einen intern generierten Geschäfts- oder Firmenwert zurückzuführen sein wird, der indes einem Aktivierungsverbot unterliegt.

Zu klären ist, ob und wie die Ermittlung einer möglichen Wertminderung auf Basis eines Impairment-Tests zur Entscheidungsrelevanz und Verlässlichkeit des Jahresabschlusses beiträgt. Durch die im Anhang offen zu legenden Informationen wird der Abschlussadressat informiert, dass sich das Verhältnis zwischen dem Buchwert und dem erzielbaren Betrag einer ZGE im Vergleich zur Vorperiode verschlechtert hat, wodurch er über die erwartete zukünftige Ertragskraft der ZGE informiert wird. Diese Informationen beziehen sich indes lediglich auf ZGE, denen ein Geschäfts- oder Firmenwert zugeordnet wurde. Darüber hinaus erhält der Abschlussadressat aufgrund des Zuschreibungsverbots aber keinerlei Informationen über eine eventuelle spätere Verbesserung der Relation von Buchwert und erzielbarem Betrag einer ZGE.[23] Hierdurch wird zwar eine Überbewertung des Geschäfts- oder Firmenwertes verhindert, nicht jedoch eine Unterbewertung, die noch dazu für den Abschlussadressaten nicht erkennbar ist. Hinsichtlich der geforderten Verlässlichkeit erscheint problematisch, dass der Impairment-only-Ansatz sowohl bei der erstmaligen Ermittlung des Geschäfts- oder Firmenwertes als auch bei dessen Folgebewertung hohe Ermessens- und Gestaltungsspielräume einräumt. So liegt es bereits beim erstmaligen Ansatz des Geschäfts- oder Firmenwertes im Ermessen des Bilanzierenden, wie der Kaufpreis auf die ZGE aufgeteilt wird und wie das Vermögen und die Schulden der einzelnen ZGE zugerechnet werden. Aber auch die Folgebewertung eröffnet durch eine nicht verbotene Änderung der Zuordnung des Geschäfts- oder Firmenwertes auf ZGE und durch die Verwendung von DCF-Kalkülen mit vielen gestaltbaren Parametern große Bilanzierungsspielräume. All diese Möglichkeiten erschweren die zeitliche und zwischenbetriebliche Vergleichbarkeit erheblich.

---

[23] Vgl. *Kirsch, H.* (2003), S. 566.

Die Folgebewertung des Geschäfts- oder Firmenwertes auf der ausschließlichen Basis eines Impairment-Tests eröffnet indes nicht nur bei der Bewertung hohe Ermessens- und Gestaltungsspielräume, sondern wird auch das Entscheidungsverhalten der Top-Manager verändern. Diese können bei einer sog. make-or-buy-Entscheidung, wie sie sich bei Unternehmenskäufen, Forschung, Marketingmaßnahmen oder Ausbildungsaktivitäten stellt, mit der buy-Variante vermeiden, dass in den Folgejahren der entsprechende „gekaufte" Aufwand in der Gewinn- und Verlustrechnung zu erfassen ist. Stattdessen ist der entsprechende Geschäfts- oder Firmenwert in der Bilanz anzusetzen und in den Folgejahren nicht planmäßig abzuschreiben.

3.2 Sachanlagevermögen

IAS 16.29 normiert hinsichtlich der Folgebewertung von Sachanlagevermögen ein Wahlrecht zwischen der Bewertung zu fortgeführten Anschaffungs- oder Herstellungskosten und der Neubewertung. Sofern die Bewertung zum beizulegenden Zeitwert vorgenommen wird, gilt es, eine der Ausprägungen dieses Wertes zu ermitteln. IAS 16.32 sieht hierbei vor, dass der beizulegende Zeitwert grundsätzlich nach den auf dem Markt geltenden Daten bestimmt wird, wobei man sich in der Regel der Berechnungen durch hauptamtliche Gutachter bedient. Problematisch erscheint diesbezüglich, dass auch die Einschaltung eines objektiven Dritten subjektive Ermessensspielräume kaum einengen oder gar beseitigen kann, da dies die genaue Kenntnis sämtlicher relevanter Märkte voraussetzen würde, über die auch spezialisierte Fachleute in der Regel nicht verfügen.[24] Auch ein eventuell gezielter Missbrauch dieser Spielräume kann durch einen Gutachter nicht verhindert werden, da dieser nach seiner Bereitschaft, auf die Wünsche des bilanzierenden Unternehmens einzugehen, ausgewählt werden kann.[25] Gegenüber den Bilanzadressaten wird hierdurch indes der trügerische Eindruck eines scheinbar objektiven Wertes erweckt.

Existiert hingegen aufgrund der Beschaffenheit des Vermögenswertes kein am Markt ermittelbarer Wert, so ist der beizulegende Zeitwert gem. IAS 16.33 mit Hilfe eines DCF-Kalküls oder anhand der fortgeführten Wiederbeschaffungskosten zu schätzen. Sowohl die Bestimmung der prognostizierten Cashflows als auch die Festlegung der

---

[24] Vgl. *Ballwieser, W./Küting, K./Schildbach, T.* (2004), S. 536 f.
[25] Vgl. *Ballwieser, W./Küting, K./Schildbach, T.* (2004), S. 537.

Zins- und Steuereffekte bieten bei Verwendung des DCF-Kalküls große Ermessensspielräume. Aber auch bei der Schätzung des beizulegenden Zeitwerts auf Basis der fortgeführten Wiederbeschaffungskosten eröffnet sich dem Bilanzierenden hinsichtlich der Bestimmung des Beschaffungspreises, der Nutzungsdauer und des Abschreibungsverfahrens ein weiter Spielraum.[26]

Dies zeigt, dass das bilanzierende Unternehmen über erhebliche bilanzpolitische Spielräume verfügt. Selbst wenn die Art der Fair Value-Ermittlung festgelegt wurde, eröffnet sich dem Bilanzierenden durch die Wahl der Parameter ein großer, durch Dritte nicht nachvollziehbarer Ermessensspielraum.[27] Während das Kriterium der Entscheidungsrelevanz der zukunftsgerichteten Informationen bejaht werden könnte, sofern sich eine eigennützige Bilanzierung ausschließen ließe, ist die Forderung der Verlässlichkeit der Informationen im Falle der Neubewertung des Sachanlagevermögens als nicht erfüllt anzusehen.

3.3 Als Finanzinvestition gehaltene Immobilien

Ein Unternehmen kann für die Folgebewertung von als Finanzinvestitionen gehaltenen Immobilien gem. IAS 40.30 entweder das Neubewertungsmodell oder das Anschaffungskostenmodell wählen. Während auf einen ersten Blick die Ermittlung des beizulegenden Zeitwerts nur im Fall der Anwendung der Neubewertung relevant zu sein scheint, ist dieser aber aufgrund der gem. IAS 40.79(e) verpflichtend vorgesehenen Angabe des beizulegenden Zeitwerts bei Wahl des Anschaffungskostenmodells in jedem Falle zu ermitteln.

Gem. IAS 40.45 ist der Wert einer sog. Finanzimmobilie durch auf einem aktiven Markt notierte aktuelle Preise ähnlicher Immobilien, die sich am gleichen Ort und im gleichen Zustand befinden und Gegenstand vergleichbarer Mietverhältnisse und anderer, mit den Immobilien zusammenhängender Verträge sind, zu ermitteln. Fehlen aktuelle Preise auf aktiven Märkten, steht dem Unternehmen eine Vielzahl an Informationsquellen offen.[28] So normiert IAS 40.46(a), dass für die Ermittlung des beizulegenden Zeitwerts von als Finanzinvestition gehaltenen Immobilien eine Vergleichsimmobilie herangezogen wer-

---

[26] Vgl. *Küting, K.* (2005), S. 509.
[27] Vgl. *Küting, K.* (2005), S. 510 f.
[28] Vgl. *Zülch, H.* (2005), S. 70.

den darf, die der zu bewertenden Immobilie hinsichtlich der wertbeeinflussenden Faktoren, etwa der Lage, Qualität, Größe und Alter nahe kommt.[29] Hierbei ergeben sich sowohl bei der Festlegung des geeigneten Vergleichsobjekts als auch bei den zu berücksichtigenden Zu- bzw. Abschlägen sehr große Ermessensspielräume. Alternativ kann die Ermittlung des beizulegenden Zeitwerts aber auch auf Basis diskontierter Cashflow-Prognosen erfolgen, die auf einer verlässlichen Schätzung der zukünftigen Zahlungsströme beruhen sollen und für die Kalkulationszinssätze verwendet werden sollen, die die gegenwärtigen Einschätzungen des Marktes hinsichtlich der Höhe und der zeitlichen Struktur dieser Zahlungsströme widerspiegeln. Zu berücksichtigen sind außerdem die Unsicherheiten bezüglich der Höhe und des zeitlichen Verlaufes der Zahlungsströme. Die Unsicherheiten betreffen z.B. Erdbeben-, Überschwemmungs-, Sturm-, Terroranschlags- und Leerstandsrisiken. Auch die Vielzahl zu verwendender Informationsquellen, z.B. verschiedener Maklerberichte, kann zu einer großen Bandbreite möglicher Zeitwerte für die Finanzimmobilien führen, weshalb die Angabe des besten Schätzwertes innerhalb der Bandbreite möglicher Werte erforderlich wäre. Indes verbietet IAS 40 keineswegs den Ansatz des Wertes am unteren Ende oder auch am oberen Ende der Bandbreite. Es besteht also ein immenser bilanzpolitischer Spielraum.

Sowohl die Ableitung des beizulegenden Zeitwerts aus Vergleichsimmobilien als auch die Ermittlung des beizulegenden Zeitwerts mittels diskontierter prognostizierter Cashflows führen dazu, dass die für eine faire Darstellung der wirtschaftlichen Lage erforderliche Objektivität und Willkürfreiheit nicht gegeben sind; vielmehr werden die Zeitwerte dieser Vermögenswerte geprägt durch Subjektivität und unvermeidbare oder sogar beabsichtigte Prognosefehler des Bilanzierenden. Lediglich eine Offenlegung der vom Unternehmen im Kalkül zugrunde gelegten Prämissen sowie der möglichen Bandbreite der Werte geben die Information weiter, die der Bilanzierende besitzt. Erst dann ist die Information wirklich nützlich und fair.

3.4 Eigenkapital

IAS 32.11 definiert Eigenkapital als Residualgröße, die aus der Gegenüberstellung von Vermögenswerten und Schulden resultiert. Die Abgrenzung von Eigen- und Fremdkapital erfolgt hierbei u.a. nach der Kündbarkeit des jeweiligen Finanzinstrumentes (*put-*

---

[29] Vgl. *Streim, H./Bieker, M./Esser, M.* (2003), S. 473.

table instruments). Gem. IAS 32.18(b) ist ein Finanzinstrument als Fremdkapital einzustufen, wenn dem Inhaber ein Rückgaberecht zusteht. Dies ist immer dann der Fall, wenn der Inhaber das Recht hat, das Finanzinstrument gegen flüssige Mittel oder andere finanzielle Vermögenswerte an den Emittenten zurückzugeben. Eine explizite vertragliche Verpflichtung zur Abgabe flüssiger Mittel oder anderer finanzieller Vermögenswerte ist hierbei nicht erforderlich; eine faktische Verpflichtung ist bereits als ausreichend anzusehen.

Diese Regelungen des IAS 32 bringen vor allem für Personenhandelsgesellschaften und Genossenschaften gravierende Konsequenzen mit sich. Aufgrund des gesetzlich normierten Kündigungsrechts, das vertraglich nicht ausgeschlossen werden darf, weisen die Kapitaleinlagen von Kommanditisten und die Geschäftsguthaben von Genossen den Charakter von *puttable instruments* auf. Dies bedeutet, dass diese Einlagen im IFRS-Abschluss als Fremdkapital zu klassifizieren sind.[30] Auch für GmbH & Co. KG ergeben sich ähnliche Probleme. Von den Abgrenzungsregeln ebenfalls betroffen ist auch Mezzaninkapital, etwa Genussrechtskapital. Die Anknüpfung des IAS 32 an das Kriterium der Kündbarkeit und die hieraus folgenden erheblichen „Verluste" von Eigenkapital im IFRS-Abschluss im Vergleich zum HGB-Abschluss können für die betroffenen Unternehmen schwer wiegende Folgen haben. So beeinflusst eine niedrige Eigenkapitalquote etwa das Rating eines Unternehmens negativ und führt so zu höheren Kapitalkosten.

Darüber hinaus stellt sich auch die Frage, wie diese im IFRS-Abschluss als Fremdkapital klassifizierten Einlagen zu bewerten sind. Für die erstmalige Bewertung der finanziellen Verbindlichkeit ist der Barwert der Abfindungsverpflichtung als beizulegender Zeitwert gem. IAS 32.23 heranzuziehen. Die Folgebewertung finanzieller Verbindlichkeiten hat gem. IAS 39.47 grundsätzlich mit den fortgeführten Anschaffungskosten unter Anwendung der Effektivzinsmethode zu erfolgen. Eine Regelung, wie die fortgeführten Anschaffungskosten im Falle von Abfindungsverpflichtungen ermittelt werden können, kann in den IFRS indes nicht gefunden werden.[31] Wie das IDW in seiner Stellungnahme ausführt, ist eine sachgerechte Vorgehensweise durch den Bilanzierenden selbst festzulegen, wobei etwa eine Erhöhung des Bilanzansatzes um die Gewinnanteile der Gesellschafter, soweit diese entnommen werden können oder deren Abfindungsan-

---

[30] Vgl. IDW RS HFA 9.49.
[31] Vgl. IDW RS HFA 9.54.

spruch erhöhen, in Frage kommen könnte.[32] Gleichzeitig sind diese Gewinnanteile als Aufwand in der Gewinn- und Verlustrechnung zu erfassen. Dies führt zu der kontraintuitiven Information, dass das Eigenkapital und das Jahresergebnis umso schlechter ausfallen, je erfolgreicher das Unternehmen ist. Die ausgewiesene wirtschaftliche Lage des Unternehmens ist somit für den Bilanzadressaten nicht mehr nachvollziehbar.

Zur Vermeidung einer wirtschaftlich verzerrten Darstellung des Eigen- bzw. Fremdkapitalausweises wurde vom IDW für den Ansatz des Eigenkapitals im IFRS-Abschluss angeregt, auch das Haftungskriterium für die Abgrenzung von Eigen- und Fremdkapital heranzuziehen.[33] Eigenkapital läge folglich immer dann vor, „wenn die Mittel zur Verlustdeckung herangezogen werden können"[34]. Die Berücksichtigung der Haftungsfunktion des Eigenkapitals würde den gesellschaftsrechtlichen Gegebenheiten einiger europäischer Länder entsprechen und zu einer betriebswirtschaftlich sachgerechteren Bilanzierungsweise im IFRS-Abschluss führen.[35]

3.5 Rückstellungen und Eventualschulden

Ein weiteres Problem des IFRS-Abschlusses sind die Rückstellungen, aber vor allem die Eventualverbindlichkeiten. Zwar sind die Kriterien für die Bildung von Rückstellungen gem. IAS 37.14 den handelsrechtlichen Passivierungskriterien ähnlich oder sogar überlegen, weil sie keine Aufwandsrückstellungen zulassen. Denn Rückstellungen sind nach IFRS immer dann zu passivieren, wenn

- ein Unternehmen aus einem Ereignis der Vergangenheit eine gegenwärtige Verpflichtung hat;
- der Abfluss von Ressourcen mit wirtschaftlichem Nutzen zur Erfüllung der Verpflichtung wahrscheinlich ist;
- die Höhe der Verpflichtung zuverlässig geschätzt werden kann.

Ist die Verpflichtung des Unternehmens nur möglich, aber nicht wahrscheinlich oder besteht eine gegenwärtige Verpflichtung, die den anderen Ansatzkriterien nicht genügt, so besteht lediglich eine Eventualschuld, für die gem. IAS 37.27 ein Passivierungsverbot besteht.

---

[32] Vgl. IDW RS HFA 9.54.
[33] Vgl. *IDW (Hrsg.)* (2005), S. 49.
[34] *IDW (Hrsg.)* (2005), S. 49.
[35] Vgl. *IDW (Hrsg.)* (2005), S. 49.

Die Anknüpfung der Passivierungspflicht an die Wahrscheinlichkeit der künftigen Inanspruchnahme des Unternehmens eröffnet dem Bilanzierenden einen weiten Spielraum. So wird im Standard offen gelassen, ab wann der Nutzenabfluss als hinreichend wahrscheinlich anzusehen ist. Gem. IAS 37.23 ist ein Nutzenabfluss lediglich dann als wahrscheinlich anzusehen, wenn mehr dafür als dagegen spricht. Somit wird eine Wahrscheinlichkeit von mehr als 50% als hinreichend angesehen.[36] Da jedoch in der Regel keine objektiven Berechnungen der Wahrscheinlichkeiten vorhanden sein werden, unterliegt es der subjektiven Beurteilung des Jahresabschlusserstellers, ob eine Rückstellung angesetzt wird oder lediglich eine Angabe als Eventualschuld im Anhang zu machen ist.

Auch das Ansatzkriterium der verlässlichen Bewertung bietet die Möglichkeit, eine etwaige Passivierung einer Rückstellung zu umgehen.[37] Bereits in IAS 37.25 wird allerdings angenommen, dass Unternehmen zumeist in der Lage sein werden, eine Bandbreite des künftigen Mittelabflusses zuverlässig zu schätzen und somit den Ansatzerfordernissen zu entsprechen. Allerdings wird bei dieser Einschätzung vom IASB nicht gesagt, dass die Zuverlässigkeit verloren geht, wenn die Bandbreite zu groß ist und nur irgendein Wert aus der Bandbreite bilanziert wird. U.E. geht die Zuverlässigkeit der Jahresabschlussinformationen in diesem Fall verloren.

Durch den ED IAS 37 sollen die Begrifflichkeiten und somit auch der Geltungsbereich dieses Standards grundlegend geändert werden. IAS 37 soll künftig den Ansatz und die Bewertung von non-financial liabilities regeln, die alle Verbindlichkeiten umfassen, die keine finanziellen Verbindlichkeiten darstellen. Diese werden wiederum hinsichtlich etwaiger bestehender Unsicherheiten in unbedingte (unconditional) und bedingte (conditional) Verpflichtungen gegliedert. Non-financial liabilities sind immer dann als Passivposten anzusetzen, wenn gem. ED IAS 37.11 die Kriterien einer Verbindlichkeit erfüllt sind und die Höhe der Verpflichtung zuverlässig geschätzt werden kann. Das Kriterium, dass ein Ressourcenabfluss für den Ansatz eines Passivpostens wahrscheinlich sein muss, enthält ED IAS 37 nicht mehr.[38] Dies bedeutet, dass wohl künftig im IFRS-

---

[36] Vgl. *Keitz, I. v. et al.* (2003), Tz. 52.
[37] Vgl. *Rammert, S.* (2005), Rz. 26.
[38] Vgl. *Brücks, M./Duhr, A.* (2006), S. 245.

Abschluss auch Eventualverbindlichkeiten anzusetzen sein werden und zwar mit ihrem Erwartungswert.[39]

3.6 Percentage-of-completion Methode

IAS 11 eröffnet dem Bilanzierenden die Möglichkeit der Gewinnrealisierung nach dem Leistungsfortschritt (percentage-of-completion Methode) im Falle eines langfristigen Fertigungsauftrages. Dieser Methode liegt der Gedanke zugrunde, dass „ein Erfolgsbeitrag nicht zu einem bestimmten Zeitpunkt, etwa mit dem Vertragsabschluss oder mit der Vertragserfüllung, sondern in einer kontinuierlichen Entwicklung mit der Herstellung entsteht"[40]. Voraussetzung für die Anwendung der percentage-of-completion Methode ist gem. IAS 11.22, dass der Fertigstellungsgrad und der Erfolgsbeitrag verlässlich geschätzt werden können. Das Kriterium der Verlässlichkeit wird hierbei abhängig von der Art des Vertrages – Festpreisvertrag[41] oder Kostenzuschlagsvertrag[42] – definiert. Während für beide Arten von Verträgen gem. IAS 11.23 f ein Nutzenzufluss wahrscheinlich sein muss, sieht IAS 11.24 für Kostenzuschlagsverträge das zusätzliche Kriterium der eindeutigen Bestimmbarkeit und verlässlichen Bewertung der dem Vertrag zurechenbaren Kosten vor. Für Festpreisverträge sind gem. IAS 11.23 eine verlässliche Bewertung der gesamten Auftragserlöse sowie der bis zur Fertigstellung noch anfallenden Kosten, die Ermittlung des Fertigstellungsgrades und die eindeutige Bestimmbarkeit sowie verlässliche Bewertbarkeit der dem Vertrag zurechenbaren Kosten erforderlich.

Durch die Anknüpfung der Teilgewinnrealisierung an das Kriterium der Verlässlichkeit wird dem bilanzierenden Unternehmen ein faktisches Wahlrecht eingeräumt. Ist das Unternehmen nicht an einer Teilgewinnrealisierung interessiert, so wird es sich in der Regel auf die Nichterfüllung dieses Kriteriums berufen (können) und den Erlös gem. IAS 11.32 folglich nur in Höhe jener angefallenen Auftragskosten erfassen, die wahrscheinlich einbringlich sind, und die Auftragskosten in der Periode, in der sie anfallen,

---

[39] Vgl. *Fladt, G./Feige, P.* (2006), S. 276.
[40] *Seeberg, T.* (2005), Tz. 11.
[41] Ein Festpreisvertrag liegt gem. IAS 11.3 immer dann vor, wenn der Auftragnehmer einen festen Preis bzw. einen festgelegten Preis pro Einheit vereinbart, wobei dieser an eine Preisgleitklausel gekoppelt sein kann.
[42] Ein Kostenzuschlagsvertrag liegt gem. IAS 11.3 immer dann vor, wenn der Fertigungsauftrag auf Basis der vertraglich vereinbarten Kosten zuzüglich einer bestimmten Marge abgerechnet wird.

erfolgswirksam berücksichtigen. Wenn das Unternehmen die percentage-of-completion Methode wählt, eröffnet sich ihm eine Reihe von Ermessensspielräumen, etwa die Festlegung der Kriterien zur Feststellung des Fertigungsfortschritts sowie die Abgrenzung der auftragsbezogenen Aufwendungen und Erträge.[43]

3.7 Anwendung von Kalkülen zur Ermittlung von Fair Values (mark-to-model)

In der internationalen Rechnungslegung zeichnet sich zunehmend eine Abkehr von den historischen Anschaffungs- und Herstellungskosten hin zum Fair Value als Bewertungsmaßstab ab.[44] Das Ziel dieser Fair Value-Orientierung ist darin zu sehen, dass den Kapitalgebern Informationen geboten werden sollen, die etwas über die Höhe, die zeitliche Verteilung und die Sicherheit zukünftiger Zahlungsüberschüsse aussagen. Bei strenger Interpretation dieser Forderung müssten folglich „alle am Bilanzstichtag im Unternehmen nachweislich existierenden positiven und negativen Cash Flow-Potenziale in Höhe ihres jeweiligen Barwerts in der Bilanz angesetzt werden"[45]. Ein solches Full Fair Value-Konzept wurde vom IASB bislang noch nicht realisiert, vielmehr handelt es sich beim vorherrschenden Modell um ein partielles Fair Value-Modell, das einerseits durch eine selektive Anwendung der Fair Value-Bewertung auf bestimmte Vermögens- und Schuldpositionen, andererseits aber auch durch ein Nebeneinander verschiedener Wertmaßstäbe zur Bestimmung des Fair Value gekennzeichnet ist[46] (mixed model).

In der derzeitigen Fassung der IFRS findet sich die Möglichkeit bzw. die Verpflichtung zur Fair Value-Bewertung in einer Vielzahl unterschiedlicher Standards, etwa in: IAS 16 – *Property, Plant and Equipment*, IAS 38 – *Intangible Assets*, IAS 39 – *Financial Instruments: Recognition and Measurement* und IAS 40 – *Investment Property*. Zwar findet sich im Framework keine einheitliche konzeptionelle Grundlage für die Bedeutung sowie die Ermittlung des Fair Value, doch lässt sich aus den einzelnen Standards eine Definition sowie eine Grundordnung ableiten. Demnach lässt sich der Fair Value als derjenige Betrag definieren, zu dem ein Vermögenswert zwischen sachverständigen, vertragswilligen und voneinander unabhängigen Geschäftspartnern getauscht

---

[43] Vgl. *Rammert, S.* (2005), Rz. 32.
[44] Vgl. etwa *Streim, H./Bieker, M./Esser, M.* (2003), S. 457.
[45] *Bieker, M.* (2006), S. 191.
[46] Für eine umfassende Auflistung möglicher Wertmaßstäbe vgl. etwa *Streim, H./Bieker, M./Esser, M.* (2003), S. 460.

werden kann.[47] Im Idealfall stellt der Fair Value somit „den unternehmensunabhängigen Marktwert auf einem vollkommenen und vollständigen Markt"[48] dar. Da sich ein solcher Marktwert indes nicht immer ermitteln lässt, ist der Fair Value in einem dreistufigen Prozess zu bestimmen. Auf der ersten Stufe wird der Marktwert der betreffenden Vermögenswerte und Schulden herangezogen. Ist ein solcher nicht vorhanden, so ist als Fair Value der aktuelle Preis auf ähnlichen Märkten für nahezu identische Vermögenswerte und Schulden anzusetzen. Erst wenn auch ein Vergleichswert nicht verfügbar ist, ist der Fair Value als hypothetischer Marktwert auf Basis wissenschaftlich fundierter Bewertungsmodelle, z.B. mit einem DCF-Kalkül, zu ermitteln.

Einerseits ist das Stufenkonzept somit durch eine zunehmend aufwendigere Ermittlung gekennzeichnet. Während auf der ersten (und zweiten) Stufe die Marktwerte wegen der Objektivierung durch den Markt (relativ) zuverlässig und einfach zu ermitteln sind, kann die Fair Value-Ermittlung auf der dritten Stufe lediglich mit Hilfe von auf Bewertungsmodellen basierenden Schätzungen erfolgen. Andererseits zeichnet sich das Stufenkonzept aber auch dadurch aus, dass die Zuverlässigkeit der Fair Values auf der zweiten und dritten Stufe nicht unerheblich sinkt.

Der Fair Value ist somit kein eindeutig bestimmbarer Wert, sondern vielmehr ein „vager und interpretationsbedürftiger Oberbegriff"[49], der – je nach Art der Ermittlung – zu einer Vielzahl unterschiedlicher Bewertungsergebnisse führen kann. Bereits die Beurteilung, wie der Fair Value im Einzelfall zu ermitteln ist, eröffnet dem Bilanzierenden weit reichende Ermessensspielräume. So ist die Beurteilung, ob ein aktiver Markt vorliegt bzw. ob der vorliegende Markt noch repräsentativ für den zu bewertenden Vermögenswert ist, einer subjektiven Einschätzung durch den Bilanzierenden unterworfen. Aber auch die Wahl des alternativ heranzuziehenden Bewertungsmodells sowie die hierauf basierenden Schätzungen liegen letztlich im Ermessen des Bilanzierenden. Diesem bietet sich folglich die Möglichkeit, die sich ihm eröffnenden Spielräume systematisch zu seinem Vorteil zu nutzen, wobei vor allem in schlechten wirtschaftlichen Zeiten Fair Values tendenziell zu hoch ausgewiesen werden dürften.[50] Auch dem Abschlussprüfer wird es in vielen Fällen nicht möglich sein, solch bewusste Manipulationen der Wertan-

---

[47] Vgl. etwa IAS 16.6; IAS 38.8.
[48] *Ballwieser, W./Küting, K./Schildbach, T.* (2004), S. 532.
[49] Vgl. *Ballwieser, W./Küting, K./Schildbach, T.* (2004), S. 534.
[50] Vgl. *Streim, H./Bieker, M./Esser, M.* (2003), S. 460.

sätze nach oben oder nach unten nachzuweisen, da eine hohe Parametersensitivität eine hohe Bandbreite möglicher Werte mit sich bringt. Das Kriterium der Verlässlichkeit kann somit nicht als erfüllt angesehen werden.

Damit stellt sich die Frage, ob der Fair Value dem an ihn gestellten Anspruch, Träger entscheidungsnützlicher Informationen zu sein, gerecht werden kann. Nach häufig geäußerter Meinung kommt Fair Values aufgrund ihrer Zeitnähe sowie ihrer Marktnähe eine höhere Entscheidungsrelevanz zu als historischen Anschaffungs- und Herstellungskosten. Da entscheidungsnützliche Informationen aber auch deren Zuverlässigkeit voraussetzen, muss die Behauptung hoher Entscheidungsrelevanz in Fällen der Fair Value-Ermittlungen, die nicht mit Marktwerten belegt werden können, sondern auf Modellberechnungen beruhen, zurückgewiesen werden. Im Übrigen müssen sich die zugrunde gelegten Zahlungserwartungen der Marktteilnehmer nicht mit den Erwartungen des Unternehmens decken, das den DCF ermittelt, da etwa durch den Beitrag des betreffenden Vermögenswertes zur betrieblichen Leistungserstellung Synergien erzielt werden können und Marktwerte folglich nur eine Annäherung an die aus Sicht des Unternehmens erwarteten Cashflows bieten.[51] Um eine solche Verzerrung zu vermeiden, sollte sich eine Fair Value-Bewertung daher vor allem auf nicht betriebsnotwendige Vermögenswerte beschränken, für die Marktwerte vorliegen oder die verlässlich geschätzt werden können.[52]

Die Verwendung von Fair Values steht in einem Zielkonflikt von vermeintlich höherer Entscheidungsrelevanz auf der einen Seite und Verlässlichkeit der Rechnungslegungsinformationen auf der anderen Seite. Die Fair Value-Bewertung eröffnet dem Bilanzierenden weit reichende bilanzpolitische Spielräume und macht eine Nachvollziehbarkeit wegen der fehlenden Angaben über die Bandbreite der Werte für den Adressaten somit unmöglich. Lediglich eine Offenlegung der Prämissen, der Methodik der Wertermittlung, der Bandbreite(n) und der Entscheidung des Managements, welchen Wert der Bandbreite es gewählt/bilanziert hat, können dazu beitragen, die Verlässlichkeit der Jahresabschlussinformationen zu erhöhen.[53]

---

[51] Vgl. *Kessler, H.* (2005), S. 76; ausführlich zu diesem Thema *Bieker, M.* (2006).
[52] Vgl. *Kessler, H.* (2005), S. 78.
[53] Vgl. *Baetge, J.* (1970), S. 168; *Küting, K.* (2005), S. 512.

4 Die Kapitalkosten nach einem Übergang von einer HGB- auf eine IFRS-Bilanzierung (empirische Forschungsergebnisse)

Die Gründe der Einführung der IFRS lagen in der Hoffnung einer höheren Qualität der Abschlüsse und daraus folgend einer Erhöhung der Effizienz der Kapitalmärkte durch transparente Informationen sowie auf ein damit verbundenes Sinken der Kapitalkosten. Bedingung hierfür ist einerseits, dass die auf Basis internationaler Standards erstellten Abschlüsse eine umfangreichere bzw. präzisere Unternehmenspublizität liefern als nach nationalen Regelungen. Andererseits muss eine solch höhere Informationsqualität auch kausal für das Sinken der Kapitalkosten sein.[54]

Eine bessere Informationsqualität der Jahresabschlüsse kann immer nur dann erreicht werden, wenn die neuen Rechnungslegungsstandards selbst eine höhere Qualität als z.B. die handelsrechtlichen Rechnungslegungsregeln aufweisen und diese Standards ordnungsgemäß angewendet werden. Während die erste Bedingung aufgrund der vermehrten Offenlegungsvorschriften und Anhangangaben der IFRS von vielen als erfüllt angesehen wird, wird die Compliance mit IFRS von vielen als mangelhaft bezeichnet.[55]

Prüfen ließe sich, ob die Bedingungen für eine bessere Informationsqualität gegeben sind, indem ermittelt wird, welchen Einfluss die Informationen in IFRS-Abschlüssen auf die Kapitalkosten des Unternehmens haben. Ausgangspunkt ist die Überlegung, dass die Informationsasymmetrien zwischen dem Unternehmen und den Investoren zu einer adversen Selektion sowie zu Transaktionskosten bei der Kapitalaufnahme führen. Diese Informationsasymmetrien lassen sich jedoch durch zusätzliche oder präzisere Informationen in den Jahresabschlüssen abbauen, wodurch die von den Investoren geforderten Risikozuschläge sinken müssten.[56] Der empirische Beweis für einen solchen Zusammenhang ist allerdings methodisch kaum durchführbar, „da sowohl die Schätzung der Kapitalkosten als auch die Isolierung der Informationseffekte der Rechnungslegungsstandards problematisch sind"[57] und konnte noch nicht erbracht werden. Die Gründe hierfür sind weitgehend unerforscht. Allerdings lässt sich die Vermutung, dass jene Unternehmen geringere Kapitalkosten aufweisen, die von HGB- auf eine IFRS-

---

[54] Vgl. *Daske, H.* (2005), S. 456 f.
[55] Vgl. hierzu etwa *Street, D. L./Gray, S. J.* (2001); *Gedlicka, W./Grass, C./Lingner, A.* (2004), S. 371.
[56] Vgl. *Daske, H.* (2005), S. 459 f.
[57] Vgl. *Daske, H.* (2005), S. 469.

Rechnungslegung übergegangen sind, nicht empirisch belegen, sondern fast durchgehend nur falsifizieren. Fakt ist bisher, dass die Renditeerwartungen der mit IFRS-Abschlüssen informierten Investoren nicht sinken. Die empirische Widerlegung der Hypothese begründet *Daske* selbst damit, dass grundsätzliche Schwierigkeiten in der Schätzung der Eigenkapitalkosten liegen könnten, aber auch in der Unsicherheit der Investoren, die aus der Vielzahl der unterschiedlichen derzeit angewandten Rechnungslegungsregelungen resultiert. Eine solche Begründung der Forschungsergebnisse darf indes bezweifelt werden, da die Unsicherheit der Investoren wohl nicht aus der Vielzahl unterschiedlicher Rechnungslegungsgrundsätze, sondern aus der mangelnden Zuverlässigkeit der aus den IFRS gewonnenen Werte resultiert. Aufgrund der zu geringen Beachtung der Zuverlässigkeit bei der Standardisierung der IFRS durch den IASB kommt es für Investoren zu einer bislang nicht vermeidbaren Unsicherheit und damit zu Risikoaufschlägen auf die Kapitalkosten. *Daske* gibt schließlich auch zu bedenken, dass Rechnungslegungsstandards im Vergleich zu anderen Risikofaktoren eventuell nur geringe Bedeutung besitzen.[58] Dann wäre allerdings fraglich, wozu so viel Aufwand mit der Umstellung auf die IFRS-Rechnungslegungsstandards weltweit betrieben wird.

5 Ergebnis

Damit ein IFRS-Abschluss die wirtschaftliche Lage eines Unternehmens besser wiedergibt als ein HGB-Abschluss, müssen die IFRS den Jahresabschlussadressaten sowohl entscheidungsrelevante als auch zuverlässige Rechnungslegungsinformationen bieten. Wie anhand der Beispiele gezeigt werden konnte, eröffnen die internationalen Rechnungslegungsstandards jedoch oftmals weit reichende Interpretations- und Ermessensspielräume, die der Bilanzierende zu seinem subjektiven Vorteil gegenüber dem Adressaten – je nach Interessenlage – entweder zur Bildung stiller Reserven oder zur Bildung stiller Lasten nutzen kann. Die Möglichkeit der Bildung stiller Reserven bestand bereits im HGB. Die im handelsrechtlichen Abschluss bei ordnungsmäßiger Bilanzierung unmögliche Bildung von stillen Lasten kann indes viel schlimmere Folgen für die Investoren haben als stille Reserven. Dies zeigt die Geschichte der Rechnungslegung in Deutschland, da die Einführung der Zeitwertbilanzierung im ADHGB von 1861 viele betrügerische Konkurse nach sich zog. Diese Zeitwertbilanzierung wurde daher mit der

---

[58] Vgl. *Daske, H.* (2004), S. 42 f.

Aktienrechtsnovelle von 1884 zugunsten des Anschaffungskosten-, Realisations- und Niederstwertprinzips verdrängt.[59]

Um Entscheidungsrelevanz sowie Verlässlichkeit von Jahresabschlüssen zu erreichen, ist eine größere Transparenz über das Zustandekommen und die Unsicherheit der Informationen zu fordern. Wir schlagen daher „de lege ferenda" für die IFRS vor, eine solche Transparenz dadurch zu verwirklichen, dass der Abschlussersteller über die möglichen Bandbreiten der Fair Values informieren und den Mittelwert bilanzieren muss. Die Differenz zum unteren Ende der Bandbreite muss er angeben. Ist die Bandbreite jedoch größer als +/- 5% vom Mittelwert der Bandbreite, dann gilt die DCF-Ermittlung als zu ungenau und damit als unzuverlässig und es ist der pessimistische Wert der Bandbreite zu bilanzieren. Alternativ hierzu könnten auch die fortgeführten Anschaffungs- oder Herstellungskosten bilanziert sowie die Bandbreite im Anhang angegeben werden.

Solchermaßen ausgestaltete transparente Informationen könnten zu einem Abbau der Informationsasymmetrien beitragen. Aufgrund einer derart erhöhten Informationsqualität könnten sich die Kapitalgeber ein besseres Bild von der künftigen Entwicklung des Unternehmens machen und folglich das Risiko der Investition in das Unternehmen besser einschätzen. Je transparenter der Informationsaustausch zwischen dem Management und den Kapitalgebern ist, desto besser kann das Risiko der Investition eingeschätzt werden.

Schätzt ein risikoadverser Investor das Risiko seiner Investition aufgrund einer auf diese Weise verbesserten (transparenteren) Informationsqualität geringer ein, so wird er c.p. seine Renditeforderung herabsetzen. Hierdurch werden die Aktionäre geringere Risikozuschläge fordern und die Eigenkapitalkosten des Unternehmens werden sinken. Entsprechendes gilt für die Fremdkapitalkosten.

---

[59] Vgl. *Ballwieser, W./Küting, K./Schildbach, T.* (2004), S. 530.

Literaturverzeichnis

Andrejewski, K. C./Fladung, H.-D. /Kühn, S. (2006): Abbildung von Unternehmenszusammenschlüssen nach ED IFRS 3, in: Die Wirtschaftsprüfung 2006, Heft 3, S. 80-88.

Baetge, J. (1970): Möglichkeiten der Objektivierung des Jahreserfolges, Düsseldorf 1970.

Baetge, J./Bischof, S./Matena, S. (2006): Kommentierung des IFRS 1, in: Baetge, J./Dörner, D./Kleekämper, H./Wollmert, P./Kirsch, H.-J. (Hrsg.) (2005), Rechnungslegung nach International Accounting Standards (IAS), 2. Aufl., Stuttgart 2006.

Ballwieser, W./Küting, K./Schildbach, T. (2004): Fair Value – erstrebenswerter Wertansatz im Rahmen einer Reform der handelsrechtlichen Rechnungslegung?, in: Betriebswirtschaftliche Forschung und Praxis 2004, Heft 6, S. 529-549.

Bieker, M. (2006): Ökonomische Analyse des Fair Value Accounting, Frankfurt am Main 2006.

Brücks M./Duhr A. (2006): Bilanzierung von Contingent Assets und Contingent Liabilities: Beispielhafte Würdigung der aktuellen Überlegungen von IASB und FASB, in: Zeitschrift für internationale und kapitalmarktorientierte Rechnungslegung 2006, Heft 4, S. 243-251.

Daske, H. (2004): Economic Benefits of Adopting IFRS or US-GAAP – Have the Expected Costs of Capital really decreased?, Working Paper No. 131, Johann Wolfgang Goethe-Universität Frankfurt am Main 2004.

Daske, H. (2005): Internationale Rechnungslegung und Kapitalkosten: Zum Stand der empirischen Rechnungswesenforschung, in: Betriebswirtschaftliche Forschung und Praxis 2005, Heft 5, S. 455-473.

Fladt, G./Feige, P. (2006): Die Änderungsvorschläge des IASB zu IAS 37 und 39 – Analyse und kritische Würdigung, in: Die Wirtschaftsprüfung 2006, Heft 5, S. 274-281.

Gedlicka, W./Grass, C./Lingner A. (2003): Studie zur IFRS-Konformität der Abschlüsse von Unternehmen des ATX Prime Market-Segments der Wiener Börse, in: Österreichische Zeitschrift für Recht und Rechnungswesen 2003, Heft 12, S. 363-371.

Hayn, S. (2005): Entwicklungstendenzen im Rahmen der Anwendung von IFRS in der Konzernrechnungslegung, in: Betriebswirtschaftliche Forschung und Praxis 2005, Heft 5, S. 424-439.

Höllerschmid C. (2006): Die Bilanzierung von Forschung und Entwicklung nach HGB, DRS, US-GAAP und IFRS, in: Seicht, G. (Hrsg.) (2006), Jahrbuch für Controlling und Rechnungswesen 2006, Wien 2006, S. 153-177.

IDW (Hrsg.) (2005): Internationalisierung der Rechnungslegung im Mittelstand, Düsseldorf 2005.

Keitz, I. v./Dörner, D./Wollmert, P./Oser, P. (2003): Kommentierung des IAS 37, in: Baetge, J./Dörner, D./Kleekämper, H./Wollmert, P./Kirsch, H.-J. (Hrsg.) (2005), Rechnungslegung nach International Accounting Standards (IAS), 2. Aufl., Stuttgart 2005.

Kessler, H. (2005): Ist der Fair Value fair?, in: Bieg, H./Heyd, R. (Hrsg.) (2005), Fair Value – Bewertung in Rechnungswesen, Controlling und Finanzwirtschaft, München 2005, S. 57-83.

Kirsch, H. (2003): Asset Impairment Test für den Goodwill nach ED-IAS 36 im Lichte qualitativer Anforderungen an die IAS/IFRS-Rechnungslegung, in: Steuer & Wirtschaft International 2003, Heft 12, S. 564-571.

Küting, K. (2005): Die Bedeutung der Fair Value-Bewertung für Bilanzanalyse und Bilanzpolitik, in: Bieg, H./Heyd, R. (Hrsg.) (2005), Fair Value – Bewertung in Rechnungswesen, Controlling und Finanzwirtschaft, München 2005, S. 495-516.

Küting, K./Wirth, J./Dürr, U. (2006): Personenhandelsgesellschaften durch IAS 32 (rev. 2003) vor der Schuldenfalle?, in: Die Wirtschaftsprüfung 2006, Heft 3, S. 69-79.

Lückmann, R./Hofmann, J. (2003): VW zeigt heute Gewinne von morgen, in: Handelsblatt 2003, Ausgabe vom 22.04.2003, S. 14.

Pellens, B./Sellhorn, T./Amshoff, H. (2005): Reform der Konzernbilanzierung – Neufassung von IFRS 3 „Business Combinations", in: Der Betrieb 2005, Heft 33, S. 1749-1755.

Rammert, S. (2006): § 51 Bilanzpolitik und Bilanzanalyse, in: Lüdenbach, N./Hoffmann, W.-D. (Hrsg.) (2006), Haufe IFRS-Kommentar, 4. Aufl., Freiburg 2005.

Seeberg, T. (2006): Kommentierung des IAS 11, in: Baetge, J./Dörner, D./Kleekämper, H./Wollmert, P./Kirsch, H.-J. (Hrsg.) (2005), Rechnungslegung nach International Accounting Standards (IAS), 2. Aufl., Stuttgart 2006.

Street, D. L./Gray S. J. (2001): Observance of International Accounting Standards: Factors explaining non-compliance, London 2001.

Streim, H./Bieker M./Esser M. (2003): Vermittlung entscheidungsnützlicher Informationen durch Fair Values – Sackgasse oder Licht am Horizont?, in: Betriebswirtschaftliche Forschung und Praxis 2003, Heft 4, S. 457-479.

Theile, C. (2003): Erstmalige Anwendung der IAS/IFRS – Einfach unvergleichlich komplex –, in: Der Betrieb 2003, Heft 33, S. 1745-1752.

Wagenhofer, A. (2005): Internationale Rechnungslegung IAS/IFRS, 5. Aufl., Wien 2005.

Zülch, H. (2005): Investment Properties: Begriff und Bilanzierungsregeln nach IFRS, in: Praxis der internationalen Rechnungslegung 2005, Heft 5, S. 67-72.

Dr. Thomas Senger[*]

IFRS für den Mittelstand – Rahmenbedingungen und Schwerpunkte der Anwendung

Gliederung

1	**Vorüberlegungen zum Thema**
2	**Aktuelle Rahmenbedingungen der IFRS-Anwendung im Mittelstand**
2.1	Phase 1: Der Due Process des IASB
2.2	Phase 2: Die Anerkennung durch die EU
2.3	Phase 3: Das Unternehmen bestimmt „seine" IFRS
2.4	Was ist besser: IFRS oder HGB?
3	**Themenschwerpunkte der IFRS-Anwendung im Mittelstand**
3.1	Eigen- oder Fremdkapital – Worum geht es?
3.1.1	Eigen- oder Fremdkapital – Was sind die Regeln?
3.1.2	Lösungsansätze
3.2	Unternehmenszusammenschlüsse – Worum geht es?
3.2.1	Bestimmung des Erwerbszeitpunktes
3.2.2	Kaufpreisallokation
3.2.3	Bilanzierung von Goodwill und negativem Goodwill
3.3	Sachanlagen und Leasingtransaktionen – Worum geht es?
3.3.1	Klassifizierung und Bewertung – Was sind die Regeln?
3.3.2	Was ist besser: IFRS oder HGB?

---

[*] WP/StB Dr. Thomas Senger ist Mitglied der Geschäftsführung der Warth & Klein Wirtschaftsprüfungsgesellschaft mbH in Düsseldorf. Die Vortragsform wurde beibehalten.

4 **Geplante Erleichterung für die IFRS-Anwendung im Mittelstand**
4.1　　　Was sind die Hintergründe?
4.2　　　Welche Erleichterungen sind absehbar?
4.3　　　Welche Form ist zu erwarten?

1 Vorüberlegungen zum Thema

Meine sehr geehrten Damen und Herren, sehr geehrter Herr Professor Marten, vielen Dank für die freundliche Begrüßung.

Das übergeordnete Thema der heutigen Veranstaltung „Abbildung der tatsächlichen wirtschaftlichen Lage – HGB oder IFRS?" ist bewusst ergebnisoffen formuliert. Daher erlauben Sie mir als einem Vertreter der mittelständischen Prüfungspraxis, der Frage nachzugehen, ob die IFRS für die Anwendung im Mittelstand ein gegenüber dem HGB überlegenes Normensystem darstellen oder nicht.

Auch wenn in der Fachpresse regelmäßig Ausführungen über die SME-IFRS zu finden sind – Eines steht fest: Gegenwärtig haben mittelständische Unternehmen, die bereits IFRS anwenden, die gleichen Regelungen zu befolgen, die auch für große kapitalmarktorientierte Konzerne gelten. Das SME-Projekt ist Zukunftsmusik und der Weg bis zum eigenständigen Produkt SME-IFRS ist vielleicht noch länger als mancher denkt.

Vor diesem Hintergrund möchte ich in einem ersten Abschnitt die aktuellen Rahmenbedingungen der IFRS-Anwendung im Mittelstand beschreiben und dabei die Frage aufwerfen, wie ein sinnvoller Kompromiss zwischen kontinuierlicher Fortentwicklung und Konstanz des Normensystems aussehen könnte.

Für die Abwägung, ob IFRS oder HGB das materiell bessere Normensystem für den Mittelstand zur Abbildung der tatsächlichen Lage ist, möchte ich Ihnen drei Themengebiete anhand der aktuell gültigen Regelungen vorstellen:

1. Herr Professor Baetge hat bereits darauf hingewiesen, dass die Abgrenzung von Eigen- und Fremdkapital nach IAS 32 keine befriedigende Lösung für den deutschen Mittelstand darstellt. Dieses Thema darf ich nochmals aufgreifen, weil dies die zentrale Fragestellung bei mittelständischen (Konzern-)Unternehmen ist, deren Rechtsstruktur (auch) durch Personengesellschaften geprägt ist.

2. Die Bilanzierung von Unternehmenszusammenschlüssen ist nach meiner Einschätzung für mittelständische Unternehmen in gleicher Weise relevant wie für Großkonzerne. Verglichen mit dem HGB ergeben sich in der praktischen Umsetzung jedoch deutliche Unterschiede, und auch die Bilanzierungsregelungen

für den Goodwill bzw. den negativen Goodwill führen zu deutlich unterschiedlichen Bilanzierungsergebnissen.

3. Schließlich ist die Informationsvermittlung durch das externe Rechnungswesen kein Selbstzweck, sondern auch unter Kosten/Nutzen-Aspekten zu rechtfertigen. Um diesen Aspekt zu beleuchten, möchte ich Ihnen das Themengebiet Sachanlagen und Leasing vorstellen, welches bei einer Vielzahl von mittelständischen Unternehmen von Bedeutung ist.

Bevor aus Sicht des Mittelstandes die Frage: „HGB oder IFRS?" endgültig beantwortet werden kann, erscheint es sinnvoll, der Frage nach künftigen Erleichterungen für mittelständische Unternehmen nachzugehen. Bitte haben Sie Verständnis dafür, dass ich Ihnen hier keine belastbaren Zusagen, sondern nur den aktuellen Diskussionsstand darstellen kann. Der Exposure Draft zu den SME-IFRS wird voraussichtlich erst im vierten Quartal dieses Jahres veröffentlicht werden.

2 Aktuelle Rahmenbedingungen der IFRS-Anwendung im Mittelstand

Meine sehr geehrten Damen und Herren, mittelständische Unternehmen haben gegenwärtig die gleichen IFRS-Normen zu beachten und anzuwenden wie die großen kapitalmarktorientierten Konzerne. Die praktische Anwendung der IFRS beginnt mit der scheinbar profanen Frage, welche Normen am Stichtag überhaupt anwendbar sind.

Um das am Abschlussstichtag verbindliche Normensystem festzulegen, das für „unser" mittelständisches Unternehmen zur Anwendung gelangen soll, sind drei Entscheidungen erforderlich: Zunächst muss das IASB/IFRIC einen Standard/eine Interpretation verabschieden (sog. „Full-IFRS"). Danach entscheidet die EU-Kommission über die Anwendbarkeit in den Mitgliedstaaten und veröffentlicht die übersetzten Standards/Interpretationen im Amtsblatt der EU („EU-IFRS"). Unser mittelständisches Unternehmen entscheidet anschließend bei bestehenden Wahlrechten oder Ermessensspielräumen, wie die unternehmensspezifischen IFRS konkret ausgestaltet werden sollen. Aufgrund dieser zeitlichen Abfolge möchte ich von einem „dreistufigen" Standardsetting-Prozess sprechen.

2.1 Phase 1: Der Due Process des IASB

Ausgangspunkt der Entstehung eines IFRS-Standards ist der so genannte Due Process, der anhand der „Farbenlehre des IASB" wie folgt beschrieben werden kann:

Bei elementaren Fragen, wie z.B. der Entwicklung von IFRS für SME bzw. NPAE, wird zunächst ein Discussion Paper veröffentlicht, das der grundsätzlichen Abwägung der Bilanzierungsanforderungen dienen soll. Diese Veröffentlichungen sind mit einem grünen Farbbalken gekennzeichnet, um der Hoffnung Ausdruck zu geben, dass dieses Projekt von Erfolg gekrönt sein wird. Das Discussion Paper zu den „Preliminary Views on Accounting Standards for Small and Medium-sized Entities" wurde im Juni 2004 veröffentlicht.

In der zweiten Stufe des Due Process wird ein Exposure Draft veröffentlicht, der die Ergebnisse der vorgelagerten Beratungen des IASB beinhaltet, gleichwohl aber zu Stellungnahmen auffordert, um kritische Themengebiete intensiv beleuchten zu können. Da in dieser Phase kritische, bisweilen auch unfreundliche Stellungnahmen nicht auszuschließen sind, weisen Exposure Drafts einen roten Farbbalken auf.

Der vom IASB verabschiedete Standard verarbeitet die im Rahmen der Kommentierung eingegangenen Stellungnahmen und wählt das aus Sicht des IASB beste Konzept aus. Diese IFRS werden mit einem blauen Farbbalken veröffentlicht und ich überlasse es Ihrer Phantasie, welche Schlüsse Sie daraus ziehen.

2.2 Phase 2: Die Anerkennung durch die EU

Damit es zu einer tatsächlichen Anwendung der vom IASB verabschiedeten IFRS in Europa kommen kann, muss ein so genannter Anerkennungsmechanismus durchlaufen werden. Die Diskussion der „Carve out"-Thematik im Zusammenhang mit der Fair Value-Option hat gezeigt, dass es keine automatisierte Anerkennung der IFRS durch die EU-Kommission gibt. Mit der Übersetzung und Veröffentlichung im europäischen Amtsblatt werden die EU-IFRS für unser mittelständisches Unternehmen verbindlich.

Gestatten Sie mir, in diesem Zusammenhang auf den gegenwärtig bestehenden Umstand hinzuweisen, der für die Festlegung der am Stichtag relevanten IFRS von Bedeutung ist. In einem Sitzungsprotokoll des ARC vom 30.11.2005 heißt es:

> *„Therefore the Commission informed Member States that Regulations endorsing IFRS published in the Official Journal and entering into force after balance sheet date but before the date the financial statements are signed can be used by companies (but are not obliged to) where early application is permitted in the Regulation and the related IFRS."*

Erfolgt die Anerkennung demnach durch die EU nach dem Abschlussstichtag, soll es dem Unternehmen gleichwohl möglich sein, diese überarbeitete Fassung der Standards zum Abschlussstichtag bereits anzuwenden. Dies widerspricht der grundsätzlichen Regel, dass EU-Recht erst mit der Veröffentlichung im europäischen Amtsblatt wirksam wird.

2.3 Phase 3: Das Unternehmen bestimmt „seine" IFRS

Unterstellt, wir hätten die am Stichtag relevanten IFRS ermittelt, bedeutet das aus Sicht des bilanzierenden Unternehmens noch lange nicht, dass damit die tatsächlichen Regeln eindeutig bestimmt sind. Zum einen kann das Unternehmen einen Standard freiwillig früher anwenden, soweit dies im Standard vorgesehen und vom Unternehmen gewollt ist. Zum anderen kann das Unternehmen sowohl Wahlrechte als auch Ermessensspielräume unter Beachtung des Stetigkeitsgebots nach freiem Ermessen ausüben.

Die Zugehörigkeit zu einer bestimmten Branche, das Bilanzierungsverhalten direkt vergleichbarer Konkurrenzunternehmen, die angestrebte Bilanzstruktur sowie die Ergebnissituation des Unternehmens werden diese unternehmensspezifische Entscheidung beeinflussen. Dies bedeutet im Ergebnis, dass es unternehmensspezifische IFRS sind, die im konkreten Einzelfall zur Anwendung kommen.

2.4 Was ist besser: IFRS oder HGB?

Es steht also die Frage zur Diskussion, welches nun das bessere Normensystem für den Mittelstand ist. Ein System, das von permanenten (auch unterjährigen) Änderungen gekennzeichnet ist, oder ein System, welches Änderungen in größeren Zeitabständen zulässt, wenn die damit verbundene Informationsverbesserung nachgewiesen ist.

Nach meiner Einschätzung ist es für den Mittelstand unerlässlich, auf ein stabiles Normensystem vertrauen zu können, das zumindest zu Beginn der Berichtsperiode verbindlich feststeht. Auch wenn in einem solchen Normensystem vielleicht nicht die allerneuesten bilanztheoretischen Erkenntnisse enthalten sind; ein solches Normensystem ist robust, über einen längeren Zeitraum anwendbar und wird dadurch erst verständlich. Der Vollständigkeit halber sei angemerkt, dass mittelständische Unternehmen in der Regel keine Kapazitäten besitzen, um neben dem Tagesgeschäft auch eine permanente Überarbeitung der Abläufe und Strukturen im externen Rechungswesen darstellen zu können.

Sie kennen den Spruch: „Zu viele Köche verderben den Brei." Nach meiner Einschätzung ist aufgrund der Differenzierung zwischen Full-IFRS, EU-IFRS und der unternehmensspezifischen Auslegung von IFRS keine verlässliche Basis gegeben, die eine konsistente und über verschiedene Unternehmen vergleichbare Informationsvermittlung sicherstellt. Herr Professor Baetge hatte dies für den Bereich der immateriellen Vermögenswerte eindrucksvoll belegt.

3 Themenschwerpunkte der IFRS-Anwendung im Mittelstand

3.1 Eigen- oder Fremdkapital – Worum geht es?

Betrachtet man die Auswirkungen einer IFRS-Umstellung auf das bilanzielle Eigenkapital, wird oftmals die Vermutung geäußert, dass mit der Umstellung von HGB auf IFRS eine Erhöhung des Eigenkapitals verbunden sei. Weiter wird vermutet, dass aufgrund einer besseren Eigenkapitalausstattung günstigere Finanzierungsmöglichkeiten für das mittelständische Unternehmen zu erwarten wären.

Professor Baetge hat in seinem Vortrag bereits dargelegt, dass diese Vermutung selbst für Kapitalgesellschaften nicht nachgewiesen ist. Doch wie sieht es bei den für den Mittelstand typischen Personengesellschaften aus? Im Handelsblatt vom 22.11.2004 konnte man z.B. die Schlagzeile lesen: „Auf dem Papier steht nach den neuen Regeln mehr Eigenkapital". Im Handelsblatt vom 22.06.2005 wurde dann konstatiert: „Plötzlich ist das Eigenkapital weg". Meine sehr geehrten Damen und Herren, dieser Effekt hat nichts mit einem Bilanzskandal flächendeckenden Ausmaßes, sondern mit der Auslegung des IAS 32.11 zu tun.

3.1.1 Eigen- oder Fremdkapital – Was sind die Regeln?

Nach IAS 32.11 ist ein Finanzinstrument ein Vertrag, der gleichzeitig bei dem einen Unternehmen zu einem finanziellen Vermögenswert und bei dem anderen Unternehmen zu einer finanziellen Verbindlichkeit oder einem Eigenkapitalinstrument führt. Betrachten wir nun eine Personengesellschaft, so ist der Abfindungsanspruch der Gesellschafter gesetzlich festgeschrieben und kann demnach nicht ausgeschlossen werden.

Betrachtet man das Prüfschema zur Abgrenzung des Fremdkapitals vom Eigenkapital, so ist bei Personengesellschaften regelmäßig im Rahmen des dritten Prüfungsschrittes, nämlich, ob trotz der rechtlichen Form eines Eigenkapitalinstruments wirtschaftlich Fremdkapital vorliegt, die Entscheidung zugunsten des Fremdkapitals getroffen.

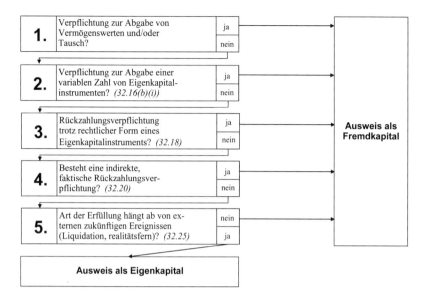

Abb. 1: Prüfschema zur Abgrenzung von Eigen- und Fremdkapital

3.1.2 Lösungsansätze

Wie gehen Personengesellschaften mit dieser „formellen" Eigenkapitalabgrenzung um? Ich haben Ihnen als Beispiel einen Auszug aus dem IFRS-Abschluss der Otto-Gruppe 2004/2005 mitgebracht, aus dem Sie ersehen können, dass das „Eigenkapital"-Verständnis nach HGB in eine IFRS-kompatible Form gebracht wird. Im vorliegenden Fall wird eine gesonderte Position „von den Gesellschaftern langfristig zur Verfügung gestelltes Kapital" als Zusammenfassung der Eigenkapital- als auch Fremdkapitalpositionen nach IFRS gewählt.

VON DEN GESELLSCHAFTERN LANGFRISTIG ZUR VERFÜGUNG GESTELLTES KAPITAL (in TEUR)	28.02.2005	29.02.2004
	1.956.439	1.806.649
Eigenkapital	1.091.389	980.371
Erwirtschaftetes Konzerneigenkapital	727.218	629.155
Kumuliertes übriges Eigenkapital	-259.384	-215.946
Anteile anderer Gesellschafter	623.555	567.162
Sonstiges von den Gesellschaftern langfristig zur Verfügung gestelltes Kapital	865.050	826.278
Kommanditkapital der Otto (GmbH & Co KG)	660.000	660.000
Gewinnrücklagen der Otto (GmbH & Co KG)	148.397	122.936
Anteile anderer Gesellschafter am Kommanditkapital von Tochtergesellschaften	56.653	43.342
GENUSSRECHTE, LANGFRISTIG FÄLLIG	66.311	69.637

„*Finanzinstrumente, die für den Halter einen Anspruch auf Rückzahlung des der Gesellschaft zur Verfügung gestellten Kapitals begründen, sind gemäß IAS 32 als Fremdkapital zu klassifizieren. Die Otto (GmbH & Co KG) als Konzernobergesellschaft ist in der Rechtsform einer Personenhandelsgesellschaft organisiert, bei der der Gesellschafter durch Ausübung eines gesetzlichen Kündigungsrechtes, das durch den Gesellschaftsvertrag nicht ausgeschlossen werden kann, die Gesellschaft zur Auszahlung der Kapitaleinlagen und der auf sie entfallenden Gewinnanteile (Buchwertklausel) verpflichten kann (...)* "

Abb. 2: Beispiel zum gesonderten Ausweis der Gesellschafteranteile im IFRS-Abschluss einer Personengesellschaft[1]

Dem Vernehmen nach gibt es andere Unternehmen, die bewusst eine Einschränkung des Testats in Folge eines nach IFRS fehlerhaften Eigenkapitalausweises in Kauf nehmen.

Wie kann man diesen Personengesellschaften ansonsten helfen? In diesem Bereich wird der Einsatz von mezzaninen Produkten (z.B. Genussrechte) diskutiert, teilweise werden Rechtsformwechsel als Alternative angesprochen, teilweise sollen künftige Regelungen abgewartet werden.

Nach meinen Erfahrungen widerstrebt es mittelständischen Unternehmen, einen eingeschränkten Bestätigungsvermerk wegen „unsinnigen Regelungen" zu akzeptieren. Auch ist die Rechtsformwahl eben nicht nur vor dem Hintergrund der IFRS, sondern vielmehr vor dem Aspekt der Besteuerungsregelungen oder anderen betriebswirtschaftlichen Ei-

---

[1] Vgl. Abschluss der Otto Group 2004/2005, S. 102.

genschaftsfeldern zu definieren. Das Warten auf die SME-IFRS hilft allenfalls den Unternehmen, die weiterhin nach HGB bilanzieren können und wollen; es trägt nicht zu einer Lösung der gegenwärtigen Eigenkapitalthematik bei.

Meine sehr geehrten Damen und Herren, um es ganz klar zu sagen: Nach den derzeit gültigen IFRS haben Personengesellschaften kein Eigenkapital (so auch IDW RS HFA 9.49). Es bestehen künftig Überlegungen, diese Situation zu ändern. Dieser Kurswechsel – wenn es einer wird – wäre dann aber für die Full-IFRS und die SME-IFRS in gleicher Weise gültig. Es bleibt abzuwarten, wie der Exposure Draft zu IAS 32 mit diesem Thema umgeht.

3.2 Unternehmenszusammenschlüsse – Worum geht es?

Die Bilanzierung von Unternehmenszusammenschlüssen ist ein komplexes Themengebiet, das nicht nur für international tätige Großkonzerne, sondern in gleicher Weise für jedes nach IFRS bilanzierende Unternehmen relevant ist.

Wenn Sie sich noch einmal die typische Vorgehensweise nach HGB (trotz DRS 4) in Erinnerung rufen, werden dabei die Anschaffungskosten der Beteiligung dem anteilig aufzurechnenden Eigenkapital gegenübergestellt. Dabei kommt in der Praxis weiterhin überwiegend die Buchwertmethode zum Einsatz, obwohl DRS 4.23 nur die vollständige Neubewertungsmethode für zulässig erachtet. Das aufzurechnende Eigenkapital wird gerade von mittelständischen Unternehmen gerne zum Zeitpunkt der erstmaligen Einbeziehung bestimmt. In der Praxis dominiert damit die Vereinfachungsregel des § 301 Abs. 2 HGB oftmals die gegenteilige Regelung in DRS 4.10. Die aufzudeckenden stillen Reserven und stillen Lasten werden regelmäßig weniger intensiv „gesucht" und gefunden als dies bei IFRS 3 der Fall ist. Der Goodwill schließlich kann nach § 309 Abs. 1 Satz 3 HGB weiterhin erfolgsneutral mit den Rücklagen verrechnet werden; alternativ dazu wird der Goodwill aktiviert und zwingend planmäßig abgeschrieben. Ein passiver Unterschiedsbetrag wird seinem Charakter entsprechend entweder unmittelbar im Eigenkapital ausgewiesen oder als Rückstellung aus der Kapitalkonsolidierung zur Abdeckung erwarteter Verluste des erworbenen Tochterunternehmens passiviert.

Worin bestehen nun die wesentlichen Unterschiede zwischen dieser gelebten HGB-Praxis und den Vorgaben des IFRS 3?

Es ist zum einen die verbindliche Bestimmung des Erwerbszeitpunktes, die regelmäßig die Aufstellung von Zwischenabschlüssen erfordert, zum anderen die bei der Durchführung der Kaufpreisallokation vorgegebene Methodik, die insbesondere zu einer deutlich erhöhten Relevanz von immateriellen Vermögenswerten führt. Schließlich ist die Behandlung der resultierenden Unterschiedsbeträge (Goodwill bzw. negativer Goodwill) in wesentlichen Bereichen abweichend vom HGB geregelt.

3.2.1 Bestimmung des Erwerbszeitpunktes

Der Erwerbszeitpunkt ist nach IFRS 3.8 als der Tag definiert, an dem die Beherrschung über das Reinvermögen und die Geschäftstätigkeit des erworbenen Unternehmens tatsächlich auf den Erwerber übergeht. Bei der Bestimmung dieses Erwerbszeitpunktes sind zwei Fragen zu beantworten (vgl. dazu auch Abb. 3):

1. Liegt eine ausreichende Sicherung der Interessen der Parteien vor?

2. Besteht die Möglichkeit des Erwerbers, die Finanz- und Geschäftspolitik zu beherrschen, um daraus Nutzen zu ziehen?

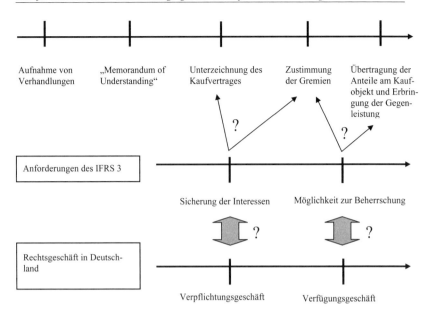

Abb. 3: **Bestimmung des Erwerbszeitpunktes**

Vielfach finden sich Vertragsklauseln, wonach ein Erwerb rückwirkend zum 1.1. eines Jahres oder einem an der Ergebniszurechnung orientierten bestimmten Erwerbszeitpunkt vorgesehen wird. Um es ganz klar zu sagen: Es ist nach IFRS 3 nie möglich, einen Beherrschungstatbestand rückwirkend zu begründen. Aber auch die nach HGB so beliebte „Verschiebung" des Aufrechnungszeitpunktes auf den dem Erwerb nachfolgenden Stichtag ist nach IFRS 3 unzulässig. Dies bedeutet, dass im Regelfall ein Zwischenabschluss aufzustellen ist.

3.2.2 Kaufpreisallokation

Sofern der richtige Erwerbszeitpunkt bestimmt ist, sind nach IFRS 3 sowohl alle Vermögenswerte und Schulden als auch Eventualschulden des erworbenen Unternehmens anzusetzen und nach den Vorschriften der IFRS zu bewerten. In der praktischen Umsetzung wird insbesondere die Passivierung von Eventualschulden als schwer verständlich betrachtet, weil das Verbot der Passivierung von Eventualschulden nach IAS 37 mit der Pflicht zur Passivierung nach IFRS 3 kollidiert.

Ein weiterer Punkt ist die Aktivierungspflicht von immateriellen Vermögenswerten im Rahmen der Kaufpreisallokation. Die dazu im Regelfall erforderlichen modellgestützten Berechnungen zur Bewertung der immateriellen Vermögenswerte, z.b. die „Multi Period Excess Earnings Method", verbunden mit Regelungen, die aus dem Bereich der US-GAAP adaptiert werden (z.b. tax amortization benefit), sind für die meisten mittelständischen Unternehmen schlicht nicht darstellbar. Nach meinen Erfahrungen wird diese Thematik von mittelständischen Unternehmen als „übertriebene Suche" nach nicht verlässlich zu bewertenden immateriellen Vermögenswerten empfunden, die eigentlich besser als Bestandteil des Goodwill behandelt werden sollten. Verbunden mit diesem weit verbreiteten Eindruck ist die Schlussfolgerung, dass diese Vorschriften vor allem geeignet sind, weitere Kostenbelastungen für Unternehmen hervorzurufen.

3.2.3 Bilanzierung von Goodwill und negativem Goodwill

Nach IFRS 3 ist der Goodwill nach dem so genannten impairment-only-approach zu bilanzieren. Herr Professor Baetge hat die damit verbundenen Problembereiche in seinem Vortrag bereits angesprochen. Diese waren neben der problematischen Vermengung von derivativem und originärem Goodwill insbesondere die hohen Ermessens- und Gestaltungsspielräume. Erlauben Sie mir daher, die Ausführungen von Herrn Professor Baetge, die ich inhaltlich vollumfänglich teile, nur um eine kleine Anmerkung zu ergänzen.

Vielfach wird der Impairment-only-approach als grundlegend neue Methode der Goodwillbilanzierung diskutiert. Neu an diesem Ansatz ist primär das „only", nicht dagegen das „Impairment" als solches. Denn auch in IAS 22, dem Vorgängerstandard von IFRS 3, war neben der verpflichtenden planmäßigen Abschreibung ein Impairment-Test notwendig, soweit Indizien für eine Abwertungsnotwendigkeit vorlagen.

Nach meinen Erfahrungen wird im Mittelstand die Notwendigkeit eines jährlichen Impairment-Tests insbesondere dann als unnötige Belastung empfunden, wenn die Wahrscheinlichkeit eines Abwertungsbedarfes äußerst gering ist. Soweit ersichtlich, wird das

IASB bei der Entwicklung der SME-IFRS diesen Umstand berücksichtigen und den impairment-only-approach beibehalten, die Notwendigkeit eines Impairment-Tests aber vom Vorliegen entsprechender Indikatoren abhängig machen.

Meine Frage am Rande: Wenn dies für SME eine sachgerechte Lösung ist, warum dann nicht auch für alle IFRS-Anwender?

Meine sehr geehrten Damen und Herren, lassen Sie mich nun auf die Behandlung des negativen Goodwill nach IFRS 3 eingehen. Sofern die Anschaffungskosten eines Unternehmenserwerbs geringer sind als die anteiligen neubewerteten Vermögenswerte, Schulden und Eventualschulden, ist der daraus resultierende negative Goodwill nach einem Reassessment als Ertrag zu vereinnahmen und in der Gewinn- und Verlustrechnung auszuweisen. Die dahinter stehende Idee ist folgende: Wenn im Rahmen der Kaufpreisallokation alle Vermögenswerte, Schulden und Eventualschulden richtig angesetzt und bewertet wurden und danach ein passiver Unterschiedsbetrag verbleibt, liegt ein so genannter lucky buy vor, der zu einem sofortigen Gewinn führt.

Lassen Sie uns diese Logik am Beispiel eines Unternehmens überprüfen, dessen Geschäftsmodell der Aufkauf und die anschließende Sanierung von maroden Unternehmen ist. Im Anschluss an eine geglückte Sanierung werden die erworbenen Unternehmen dann hoffentlich gewinnbringend weiterveräußert.

Der Erwerber bezahlt weniger als das bilanzielle Eigenkapital des erworbenen Unternehmens, weil er notwendige künftige Restrukturierungsmaßnahmen durchführen muss. Diese darf er aber regelmäßig nicht bei der Kaufpreisallokation berücksichtigen. Die bisherige Sonderregel für Restrukturierungsrückstellungen nach IAS 22 wurde ersatzlos gestrichen und auch die Passivierung von Eventualschulden führt nicht zu einer Wiedereinführung der Restrukturierungsrückstellungen durch die Hintertür. Mithin führt die Regelung für den negativen Goodwill im Erwerbszeitpunkt zu einem Gewinnausweis, obwohl das erwerbende Unternehmen diese Gewinnhöhe als Teil des künftigen Gesamtgewinns nicht verifizieren kann. Wer garantiert schon eine geglückte Sanierung?

Meine sehr geehrten Damen und Herren, wie sie sehen, stehen die vom HGB gewohnten Rückstellungen aus der Kapitalkonsolidierung der sofortigen Gewinnrealisierung im Falle eines negativen Goodwills nach IFRS 3 gegenüber. Welche Darstellung bildet die tatsächliche Lage besser ab? Für die Regelung des HGB spricht, dass ein Gewinn erst dann ausgewiesen werden kann, wenn er hinreichend wahrscheinlich feststeht. Für die Regelung des IFRS 3 spricht, dass künftige Verluste nicht antizipiert werden sollen, wenn keine Sanierungsverpflichtung besteht.

Nach meiner Einschätzung ist es nicht sachgerecht, für alle Fälle eines negativen Goodwills eine lucky buy-Situation zu unterstellen, weil durch die vorgelagerten Regelungen im Rahmen der Kaufpreisallokation nicht sichergestellt ist, dass alle Risikopotentiale des erworbenen Unternehmens auch bilanziell aufgedeckt werden.

3.3 Sachanlagen und Leasingtransaktionen – worum geht es?

Ein Themengebiet, das bei nahezu jedem mittelständischen Unternehmen vorliegt, ist die Bilanzierung von Sachanlagen. Nach HGB ist die Bilanzierung von Sachanlagen im Wesentlichen geprägt von der Aktivierungsentscheidung, der Festlegung der Abschreibungsmethode und der Nutzungsdauer.

Nach IFRS ist die Klassifizierung von „Sachanlagen" zunächst abhängig von der Verwendungsabsicht des Unternehmens. So wird das betriebsnotwendige Sachanlagevermögen in IAS 16 behandelt, die als Finanzinvestition gehaltenen Immobilien in IAS 40, und wenn eine Veräußerungsentscheidung getroffen und entsprechend dokumentiert ist, kommt IFRS 5 zur Anwendung. Auswertungen von bisherigen IFRS-Umstellungsprojekten zeigen, dass die Vorschriften zum Leasing (IAS 17, IFRIC 4) dazu führen, dass tendenziell mehr „Sachanlagen" ausgewiesen werden als nach HGB üblich.

3.3.1 Klassifizierung und Bewertung – Was sind die Regeln?

Wäre die angesprochene Aufteilung der Sachanlagen „nur" eine Ausweisfrage, wäre die Bilanzierung von Sachanlagen unter Kosten/Nutzen-Aspekten sicherlich nicht besonders kritisch zu sehen. Tatsache ist aber, dass aufgrund der Klassifizierung der Sachanlagen unterschiedliche Bewertungsmodelle zum Einsatz kommen, die teilweise durch Wahlrechte für das bilanzierende Unternehmen alternativ möglich sind und damit die Vergleichbarkeit zwischen den Unternehmen erschweren.

So kann ein Unternehmen im Rahmen der Bilanzierung von betriebsnotwendigem Sachanlagevermögen nach IAS 16 zwischen dem Anschaffungskostenmodell und dem Neubewertungsmodell wählen, bei als Finanzinvestition gehaltenen Immobilien zwischen dem Anschaffungskostenmodell und dem Zeitwertmodell. Neubewertungsmodell und Zeitwertmodell unterscheiden sich jedoch deutlich hinsichtlich der Auswirkungen in der Ergebniserfassung: Während eine Aufwertung im Rahmen des Neubewertungsmodells erfolgsneutral direkt ins Eigenkapital gebucht wird, ist eine Aufwertung im Rahmen des Zeitwertmodells sofort ergebniswirksam in der Gewinn- und Verlustrechnung zu erfassen. Herr Professor Baetge hat die Prognoseschwierigkeiten bei der Ermittlung der Marktwerte, die bei diesen „Neubewertungen" nach IAS 16 und IAS 40 auftreten können, bereits deutlich aufgezeigt. Erlauben Sie mir daher, zur Abrundung des Themengebietes kurz auf den IFRS 5 einzugehen. Dieser Standard demonstriert wie kaum ein anderer, dass die Konvergenz zwischen IFRS und US-GAAP um jeden Preis gerade kein anzustrebendes Ziel ist.

Stellen Sie sich bitte einen Anlagenbuchhalter in unserem mittelständischen Unternehmen vor. Für den handelsrechtlichen Jahresabschluss führt er das Anlagenprogramm in der „klassischen" Weise. Nach IFRS 5 ist er nun gehalten, Teile dieses Anlagenstammes gesondert zu erfassen und während der Zeit zwischen Verkaufsentschluss und tatsächlichem Verkauf die planmäßigen Abschreibungen auszusetzen. Sollte der Verkauf später wider Erwarten nicht durchgeführt werden können, darf dieser Vermögenswert dann wieder in das normale System „re-integriert" werden.

3.3.2 Was ist besser: IFRS oder HGB?

Ist eine derart aufwendige Zergliederung der Anlagenbuchhaltung für eine bessere Vermittlung der tatsächlichen Lage wirklich erforderlich? Würde nicht – wenn überhaupt – eine verbale Angabe im Anhang über bestehende Verkaufsabsichten, verbunden mit einer Angabe des Buchwertes für mittelständische Unternehmen, ausreichen?

Meine sehr geehrten Damen und Herren, das hier aufgezeigte Problem liegt in dem Nebeneinander von HGB und IFRS begründet. Mittelständische Unternehmen haben nach meiner Erfahrung das starke Verlangen nach einer „Einheitsbilanz", in der unterschiedliche „Wahrheiten" im Hinblick auf das vorhandene Sachanlagevermögen keinen Raum haben.

Sie mögen einwenden, dass dieses Dilemma auch durch die flächendeckende Einführung von IFRS behoben werden könnte. Aber bevor dies geschieht, sollte sorgsam geprüft werden, ob der mit der Anwendung der IFRS zwingend verbundene permanente Mehraufwand in diesem Bereich wirklich gerechtfertigt und notwendig ist. Meines Erachtens steht dieser Nachweis noch aus.

4 Geplante Erleichterung für die IFRS-Anwendung im Mittelstand

4.1 Welches sind die Hintergründe?

Vielfach wird in der Presse erklärt, dass das IASB die Wünsche und Belange des Mittelstandes nicht ausreichend wahrnimmt und berücksichtigt. Inzwischen sind von bestimmten Unternehmen Gremien geschaffen worden, deren Aufgabe die gezielte Einflussnahme auf das IASB ist, z.b. im Hinblick auf eine „sachgerechte" Entwicklung von IFRS für den Mittelstand.

Nach meiner Einschätzung ist eine wirkungsvolle Einflussnahme auf die Entscheidungen des IASB, z.B. zur Entwicklung der IFRS für den Mittelstand, nur über eine aktive Teilnahme am Due Process möglich. Diese Teilnahme hat folgende Spielregeln zu beachten: Englisch als Diskussionssprache muss akzeptiert und angewendet werden. Die unreflektierte Übernahme von Stellungnahmen anderer Personen oder Institutionen ohne einen eigenen qualitativen Input ist eher schädlich als nützlich, um der eigenen Position Nachdruck zu verleihen. Die Stellungnahmen an das IASB müssen vor dem Hintergrund der IFRS, nicht vor dem Hintergrund der bisher angewandten local GAAP formuliert werden, damit sich die Wahrscheinlichkeit der Akzeptanz durch das IASB erhöht.

Wenn in der zweiten Hälfte dieses Jahres der Exposure Draft zu IFRS für SME bzw. NPAE veröffentlicht wird, ist nach meiner Einschätzung der Zeitpunkt erreicht, zu dem eine qualifizierte und umfassende Stellungnahme durch mittelständische Unternehmen zwingend erforderlich ist.

4.2 Welche Erleichterungen sind absehbar?

Meine sehr verehrten Damen und Herren, es stellt sich nun die Frage, ob das IASB für seine „zweite Produktlinie" SME-IFRS wirklich Abweichungen bei Ansatz und Bewertung zulassen wird, oder ob es „nur" zu deutlichen Erleichterungen bei den Anhangangaben kommen wird.

Letztlich haben wir den Exposure Draft abzuwarten, um eine erste verlässliche Indikation auf diese Frage zu bekommen. Mein gegenwärtiger Eindruck ist, dass deutliche Erleichterungen bei den Anhangangaben zu erwarten sind, aber eben auch nicht mehr.

Somit verlagert sich die heute zu diskutierende Frage vielmehr auf die angedachte Regelungssystematik: Wie sehen die SME-IFRS eigentlich aus?

4.3 Welche Form ist zu erwarten?

Die Entscheidung des IASB, auch mittelständischen Unternehmen die gleichen Wahlrechte einzuräumen wie den großen kapitalmarktorientierten Unternehmen, führt zu einem aus meiner Sicht nicht akzeptablen Baukastensystem für mittelständische Unternehmen, welches eine Vergleichbarkeit zwischen Unternehmen nun endgültig unmöglich macht.

Statt eines einzelfallbezogenen Rückgriffs auf die Full-IFRS sollten die SME-IFRS ein in sich geschlossenes Regelwerk sein, das ohne die Full-IFRS verständlich und anwendbar ist. Sofern es z.B. dazu kommt, dass der Bereich der Unternehmenszusammenschlüsse oder der Bereich des Hedge Accounting nur durch einen Verweis auf die Full-IFRS abgedeckt wird, eine eigenständige Regelung in den SME-IFRS dagegen unterbleibt, sind zwei Reaktionsmuster denkbar: Entweder das Unternehmen verzichtet ganz auf die Anwendung der IFRS, weil die gleichzeitige Beachtung der SME-IFRS und Full-IFRS zu aufwendig ist. Oder die Tendenz zu unternehmensspezifischen „Mixed-IFRS" wird weiter steigen.

Die absehbare Regelungssystematik ist in nachfolgender Abbildung wiedergegeben:

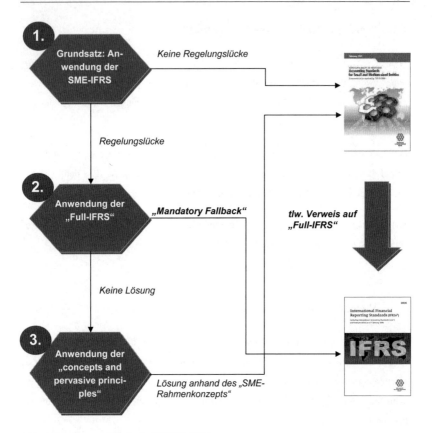

Abb. 4: Regelungssystematik der IFRS für SME

Meine sehr geehrten Damen und Herren, auch wenn ich Sie mit folgender Aussage enttäusche: Meines Erachtens ist es zum gegenwärtigen Zeitpunkt noch nicht abzusehen, ob das Projekt der SME-IFRS ein erfolgsreiches Projekt wird. Vor diesem Hintergrund würde ich Unternehmen, die gegenwärtig nicht zwingend nach IFRS bilanzieren müssen, erst einmal raten, zunächst weiterhin nach HGB zu bilanzieren, sich gleichwohl aber in das Themengebiet IFRS einzuarbeiten, um eine Reaktionsmöglichkeit nicht zu verschenken. Ich danke für Ihre Aufmerksamkeit.

Edgar Meister[*]

IFRS-Abschlüsse als Herausforderung für die Bankenaufsicht

Gliederung

1   Einführung

2   Die Bankenaufsicht in Deutschland

3   Rechnungslegung und Bankenaufsicht

4   Bankenaufsicht vor dem Hintergrund einer sich wandelnden Rechnungslegung

5   Eigenkapitalberechnung und -meldung auf Basis von IFRS-Abschlüssen

6   Zeitwertorientierung der IFRS und Finanzmarktstabilität

7   Transparenz und Marktdisziplin

8   Ausblick

---

[*] Herr Dr. h.c. Edgar Meister ist Mitglied des Vorstands der Deutschen Bundesbank. Die Vortragsform wurde beibehalten.

1 Einführung

Meine sehr geehrten Damen und Herren!

Ein hinreichend tiefer Einblick in ein Unternehmen ist bereits für Unternehmensinsider nicht ganz leicht. Umso schwerer wird es einem Außenstehenden fallen, sich ein gutes Bild über die tatsächlichen Unternehmensverhältnisse zu machen. Genau das aber soll die externe Rechnungslegung leisten, dem externen Bilanzleser ein den tatsächlichen Verhältnissen entsprechendes Bild der Vermögens-, Finanz- und Ertragslage zeichnen. Damit kommt es entscheidend auf die Regelungen an, die für die Erstellung der Rechnungslegung gelten. Sind sie geeignet, eine zutreffende objektive Informationsgewährung durchzusetzen?

Die EU-rechtlichen Entscheidungen zur Einführung der IFRS für die konsolidierte Rechnungslegung kapitalmarktorientierter Unternehmen hat die Anwendung dieser internationalen Rechnungslegungsstandards erheblich gefördert. Laut einer aktuellen Studie von PricewaterhouseCoopers nutzen insbesondere institutionelle Finanzmarktakteure bereits mehrheitlich IFRS-Informationen zur Einschätzung des Unternehmenswertes und seiner Risiken. Damit werden Investitionsentscheidungen schon jetzt, da viele neue IFRS-Bilanzierer in diesen Tagen erste IFRS-Konzernbilanzen vorlegen, maßgeblich von Informationen beeinflusst, die auf den IFRS beruhen.

Die Bankenaufsicht ist einer der wesentlichen Nutzer der Rechnungslegung von Banken, auch wenn die IFRS stärker an den Informationsinteressen der Investoren ausgerichtet sind. Insoweit stellt sich also auch für uns die Frage: Sind die IFRS eine für die Zwecke der Bankenaufsicht sachgerechte Ausgangsbasis im Rahmen der Solvenzaufsicht? Welche Veränderungen sind im Vergleich zur bisherigen HGB-Rechnungslegung zu erwarten? Wie wirken sich diese Veränderungen auf die einzelnen Institute und die Finanzmarktstabilität insgesamt aus?

Vor dem Hintergrund dieser Fragestellungen werde ich im Folgenden auf die größeren Ermessensspielräume bei einer Zeitwertbilanzierung, die eingeschränkte Vergleichbarkeit der Abschlüsse, die höhere Volatilität bei Eigenkapital und Erfolg sowie mögliche Konsequenzen für die Unternehmensfinanzierung eingehen.

2 Die Bankenaufsicht in Deutschland

Lassen Sie mich aber zunächst einige Anmerkungen zur Arbeitsweise der Bankenaufsicht in Deutschland und der Nutzung der externen Rechnungslegung im Aufsichtsprozess machen.

Die Bankwirtschaft ist weltweit, wie auch in Deutschland, eine der besonders regulierten und beaufsichtigten Wirtschaftsbereiche. Und das aus gutem Grund, ist doch das Finanzsystem nicht nur eine der wesentlichen Grundlagen einer modernen Volkswirtschaft. Es ist zudem eine der sensibelsten Wirtschaftsbereiche überhaupt. Während in anderen Branchen das wirtschaftliche Ausscheiden einzelner Marktteilnehmer in Folge von Ertragsschwäche oder übermäßiger Risikonahme zum akzeptierten Wirtschaftsalltag gehört, birgt bereits das Bekanntwerden der wirtschaftlichen Schwäche eines einzelnen wesentlichen Marktteilnehmers im Bankenmarkt ein Ansteckungsrisiko auf die Gesamtbranche, mit möglicherweise negativen Folgen für die Finanzmarktstabilität. Die Bankenaufsicht soll präventiv wirken. Es geht u. a. um das frühzeitige Erkennen von Problemen und von Probleminstituten und – falls erforderlich – das geordnete Ausscheiden eines nicht überlebensfähigen Wettbewerbers. Auch im Bankensektor ist das Ausscheiden nicht wettbewerbsfähiger Einheiten im Rahmen einer marktwirtschaftlichen Wettbewerbsordnung systemimmanent.

Mit dem neuen Baseler Eigenmittelakkord (Basel II), seiner Umsetzung in der EU (Capital Requirements Directive – CRD) und der deutschen Solvabilitätsverordnung (SolvV) sowie dem KWG, werden mehr Elemente der Vor-Ort-Aufsicht, also der Prüfung in den Häusern, in die deutsche Aufsichtskultur Einzug halten. Dennoch bleibt die Beaufsichtigung der Kreditinstitute durch die Analyse eingereichter Unterlagen wie Jahresabschluss und Prüfungsbericht ein wesentliches Standbein der Aufsicht. Dieser Prüfungsbericht fußt auf der Prüfungsberichtsverordnung, die dem Wirtschaftsprüfer klare Vorgaben macht, welche Informationen für die Aufsicht von Belang sind. Erst dieser tiefer gehende Einblick in die internen wirtschaftlichen Verhältnisse und Risikostrukturen der Institute durch unternehmensinterne und damit z. T. wettbewerbsrelevante und vertrauliche Informationen ermöglicht es der Aufsicht, sich ein hinreichendes Bild über die tatsächliche Risiko- und Ertragslage der Banken zu machen. Die externe Rechnungslegung kann – ganz gleich ob nach HGB oder IFRS – so weit nicht gehen.

3 Rechnungslegung und Bankenaufsicht

Bei alledem hat die Rechnungslegung im deutschen wie auch im europäischen und internationalen Aufsichtsprozess eine erhebliche Bedeutung. Neben dem Jahresabschluss als eigenständiger Informationsgrundlage, die von der Aufsicht analysiert wird, ist die externe Rechnungslegung Basis für die Bemessung des regulatorischen Eigenkapitals und der bankaufsichtlichen Eigenkapitalanforderungen. Diese Größen gehen in die Eigenkapitalkennziffer ein, die eine wichtige Signal- und Risikobegrenzungsfunktion hat. Dabei gilt der Grundsatz, dass sich die aufsichtlich verwendeten Daten soweit wie möglich an der Rechnungslegung orientieren sollen. Nur da, wo es beispielsweise wegen unterschiedlicher Zielrichtungen zwischen Rechnungslegung und Bankenaufsicht notwendig erscheint, werden für unsere Zwecke Korrekturen vorzunehmen sein, um z.B. die bankaufsichtlich gewünschte Eigenkapitalqualität zu gewährleisten. So prägen die Bewertungsergebnisse der Bankbilanz sowohl die bankaufsichtlichen Risikoaktiva als auch das regulatorische Kapital der bankaufsichtlichen Eigenkapitalkennziffer. Das bankaufsichtliche Kapital wird letztlich aus dem bilanziellen Kapital abgeleitet.

4 Bankenaufsicht vor dem Hintergrund einer sich wandelnden Rechnungslegung

Während die tradierte Rechnungslegung nach HGB den Gläubigerschutz und die Kapitalerhaltung in den Vordergrund stellt, sind die IFRS – wie bereits erwähnt – am Informationsinteresse der Investoren ausgerichtet. Das HGB mit seiner Anschaffungskostenorientierung, dem Realisations- und Imparitätsprinzip und der bewussten Möglichkeit zur Bildung stiller Reserven für Banken nach § 340f HGB kommt der Orientierung der Bankenaufsicht am Vorsichtsgedanken sehr entgegen. Die IFRS hingegen mit ihrer Zeitwertorientierung insbesondere in dem besonders relevanten Bereich der Finanzinstrumente (IAS 39 – Financial Instruments: Recognition and Measurement) und dem damit verbundenen Ausweis unrealisierter Bewertungsergebnisse über die Gewinn- und Verlustrechnung oder direkt im Eigenkapital stellt für die Aufsicht eine ganz neue Herausforderung dar. Die Aufsicht hat insbesondere das Interesse, dass Eigenkapital eine hohe Haftungsqualität aufweist und nicht lediglich buchmäßig vorhanden ist.

Die deutsche Bankenaufsicht hat sich schon frühzeitig auf diese Herausforderung eingelassen. Bereits mit der Öffnung der deutschen Konzernrechnungslegung für den damaligen IAS-Standard durch den § 292a HGB und dem damit verbundenen befreienden Konzernabschluss nach internationalen Rechnungslegungsstandards hat auch die Bankenaufsicht den betroffenen Banken die Möglichkeit eröffnet, ihre Baseler Eigenkapitalmeldungen auf der Basis dieser Konzernabschlüsse zu erstellen (sog. „gentleman's agreement"). Bisher haben allerdings unter den Instituten, die die Möglichkeit des befreienden Konzernabschlusses nach internationalen Rechnungslegungsstandards genutzt haben, nur wenige von dieser Möglichkeit Gebrauch gemacht. Es ergaben sich im Vergleich deutlich höhere Kapitalquoten und eine ebenfalls signifikant größere Bandbreite der Quoten. Im letzten Finanzstabilitätsbericht der Bundesbank vom November 2005 sind wir etwas näher auf die zugrunde liegenden Effekte eingegangen. Wesentliche Faktoren waren die Bilanzierung aktiver latenter Steuern, die Bewertung der Handelsaktivitäten sowie die Bilanzierung des Anteilsbesitzes 'at equity'.

Die Aufsicht hat den Instituten bei der Baseler Rechnung nach IAS-Daten – abgesehen vom Konsolidierungskreis – relativ großzügige Freiräume gewährt. Sie konnte dies freilich nur deshalb tun, weil über die gleichzeitig einzuhaltenden KWG-rechtlichen Anforderungen auf der Grundlage der HGB-Einzelabschlüsse Wettbewerbsgleichheit gewahrt blieb. Immerhin konnten dadurch aber Institute und Aufsicht erste Erfahrungen mit IAS-Bilanzen sammeln.

Mit der IAS-Verordnung werden wir auf konsolidierter Ebene nun eine ganze Reihe mehr IFRS-Konzernabschlüsse gerade der großen Häuser der Kreditwirtschaft sehen. Unter den rund 750 deutschen Unternehmen, die nach der IAS-Verordnung einen Konzernabschluss nach den IFRS aufzustellen haben, werden etwa 20 deutsche Bankkonzerne bereits für 2005 eine IFRS-Konzernbilanz erstellen. Mit den im zweiten Schritt hinzu kommenden IFRS-Bilanzierern werden es dann für 2007 gut 50 Bankengruppen sein, die einen IFRS-Konzernabschluss vorlegen.

5 Eigenkapitalberechnung und -meldung auf Basis von IFRS-Abschlüssen

Auch unter dem neuen Regime der IAS-Verordnung kann die Baseler Eigenkapitalmeldung für die jeweilige Bankengruppe weiterhin auf der Basis handelsrechtlicher Konzernabschlüsse erfolgen. Und dieser konsolidierte Abschluss kann dann eben – wie bereits erwähnt – auch ein IFRS-Konzernabschluss sein.

Im Gegensatz dazu fußt sowohl die nationale Einzelaufsicht über Banken (§ 10 KWG) als auch die nationale Aufsicht über Bankengruppen (§ 10a KWG) nach den derzeit gültigen Bestimmungen des Kreditwesengesetzes auf HGB-Einzelabschlüssen. Die Gruppenaufsicht nutzt hierfür ein – im Vergleich zur handelsrechtlichen Konsolidierung – vereinfachtes Verfahren der Aggregation von HGB-Einzelbilanzen auf der Grundlage eines engen, auf den Kernbereich der Finanzdienstleistungen beschränkten bankaufsichtlichen Konsolidierungskreises.

Mit der gegenwärtigen Novellierung des Kreditwesengesetzes, die im Wesentlichen die neuen EU-Vorgaben (CRD) zur angemessenen Eigenkapitalausstattung umsetzt, wird künftig auch die deutsche konsolidierte Eigenmittelüberwachung wahlweise auf der Grundlage handelsrechtlicher Konzernabschlüsse erfolgen können. Dies kann dann auch national ein IFRS-Konzernabschluss sein. Damit ist eine Lösung gefunden worden, die den Instituten größtmögliche Flexibilität gewährt. Die dadurch geringere bankaufsichtliche Vergleichbarkeit der Gruppenkonsolidierung ist m. E. hier hinnehmbar.

Wie viele von den bereits genannten etwa 50 Institutsgruppen, die spätestens ab 2007 einen IFRS-Konzernabschluss erstellen, bereits ab diesem Datum ihren IFRS-Abschluss auch der Ermittlung ihrer konsolidierten Mindesteigenkapitalanforderungen zu Grunde legen werden, kann aus heutiger Sicht noch nicht eingeschätzt werden. Einige große Institute haben bereits angekündigt, ihren handelsrechtlichen Konzernabschluss und damit ihr IFRS-Rechenwerk auch für bankaufsichtliche Zwecke zu nutzen.

Daher gilt es für die deutsche Bankenaufsicht, sich mit den Auswirkungen der IFRS-Bilanzierung insbesondere auf das bilanzielle Eigenkapital genauer auseinander zu setzen. Ziel muss dabei sein, eine hohe Qualität der durch die Aufsicht genutzten Rechnungslegungsdaten sicherzustellen. Das gilt zuallererst für die Qualität des aus dem bilanziellen Kapital abgeleiteten regulatorischen Eigenkapitals. Das gilt aber auch für die aus den IFRS-Bilanzen zu übernehmenden Bilanzansätze der Risikoaktiva.

Was das regulatorische Eigenkapital anbelangt, ist für die aufsichtlichen Zwecke insbesondere die Funktion des Eigenkapitals als Puffer für Verluste relevant. Die Ansatz- und Bewertungsregeln der IFRS sind auch im Vergleich zu den HGB-Regeln nach diesem Maßstab zu beurteilen. Sollte die Analyse ergeben, dass die Verlusttragfähigkeit nicht uneingeschränkt gegeben ist, muss die Aufsicht korrigierend eingreifen. Der Baseler Ausschuss für Bankenaufsicht hat schon im Laufe des Jahres 2004 in mehreren Presseerklärungen die Auffassung der nationalen Bankenaufseher der G 10-Staaten zur Berücksichtigung so genannter „Prudential Filter" für die Ermittlung des regulatorischen Kapitals bei der Nutzung von IFRS-Bilanzen für bankaufsichtliche Zwecke veröffentlicht. Auswirkungen der Rechnungslegung nach IFRS, die unter dem Gesichtspunkt der Wahrung des bankaufsichtlichen Eigenkapitalbegriffs nicht akzeptabel sind, sollen neutralisiert werden, damit die hohe Qualität des regulatorischen Eigenkapitals erhalten bleibt. Für „Baseler Banken" hat die deutsche Bankenaufsicht in Zusammenarbeit mit der Industrie auf dieser Grundlage bereits im Frühjahr 2005 entsprechende Regelungen erlassen.

Auf europäischer Ebene hat CEBS, das Committee of European Banking Supervisors in gleicher Weise mit einer Empfehlung an die nationalen Bankenaufseher in der EU reagiert. Auf dieser Basis ist die deutsche Bankenaufsicht in Abstimmung mit den Bankenverbänden dabei, nationale Prudential Filter für die Verwendung von IFRS-Konzernabschlüssen im Rahmen von § 10a KWG zu entwickeln.

Zwei Beispiele sollen diese Korrekturen anschaulich machen:

- Wenn die eigenen Verbindlichkeiten eines Bankkonzerns im Falle einer Verschlechterung der eigenen Bonität mit ihrem niedrigeren Zeitwert angesetzt werden, führt dies zu einer entsprechenden Erhöhung des bilanziellen Eigenkapitals. Bei der Ermittlung des bankaufsichtlichen Kernkapitals, dessen Grundlage das bilanzielle Eigenkapital ist, wird diese Erhöhung nicht berücksichtigt. Denn die Verschlechterung der eigenen Bonität soll bankaufsichtlich nicht noch mit einer Erhöhung des Kernkapitals und einer entsprechenden Ausweitung der Geschäftsspielräume honoriert werden.

- Wertpapiere in der Bewertungskategorie „Available for Sale" werden mit ihrem Zeitwert angesetzt, resultierende Wertänderungen gehen in eine gesonderte bilanzielle Eigenkapitalposition ein. Da es sich im Falle positiver Wertänderungen im Grunde um nichts anderes als die uns bankaufsichtlich bereits bekannten unrealisierten Neubewertungsreserven im regulatorischen Ergänzungskapital handelt, dürfen diese Wertänderungen nicht ins Kernkapital eingehen, sondern können nur wie bisher mit den bankaufsichtlich definierten Abschlägen im Ergänzungskapital Berücksichtigung finden.

Dagegen werden Wertänderungen des Handelsbestandes unmittelbar kernkapitalwirksam. Es dürfte angemessen sein, die Auswirkungen eines Zeitwertansatzes des Handelsbestandes auf das bankaufsichtliche Kernkapital mit einem geeigneten Risikoabschlag wegen der fehlenden Realisierung der Erfolge zu akzeptieren. Dies deshalb, weil mit dem ständigen Umschlag der Bestände im Handel ohnehin eine laufende Gewinnrealisierung verbunden ist. Diese Regelung entspräche der internationalen Praxis und würde deutsche Institute im internationalen Wettbewerb nicht benachteiligen.

Die Frage der Bewertung der Bilanzpositionen stellt sich für die Aufsicht auch hinsichtlich der Bemessung der Risikoaktiva, die zusammen mit dem regulatorischen Eigenkapital der Ermittlung der bankaufsichtlichen Mindestkapitalquote dienen.

Da somit Bilanzwerte sowohl für die Risikoaktiva als auch für die Höhe des bankaufsichtlichen Eigenkapitals unmittelbare Relevanz haben, ist die Verlässlichkeit der bilanziellen Bewertungsergebnisse für die Bankenaufsicht von elementarer Bedeutung. Die Frage der Verlässlichkeit stellt sich aus aufsichtlicher Sicht insbesondere dann, wenn Zeitwerte zum Wertmaßstab werden, diese aber nicht auf der Preisbildung an liquiden Märkten basieren. Namentlich gilt das für Kredite, wo es trotz vielfältiger neuer Entwicklungen, diese handelbar zu machen, derzeit keinen liquiden Markt in Buchkrediten selbst gibt. Deswegen besteht ein legitimes Interesse an objektiven Wertansätzen: Nachteile für die Marktteilnehmer aus einer zielgerichteten Inanspruchnahme von Gestaltungsmöglichkeiten bei der Wertfindung gilt es zu vermeiden. Es besteht kein Zweifel, dass die Prognose der Cashflows aus einer häufig langfristigen Kreditbeziehung oder die Bestimmung des risikogerechten Diskontierungsfaktors maßgeblich subjektiv geprägt werden können. Bereits geringe Änderungen des Diskontierungssatzes führen bei langen Laufzeiten zu erheblich variierenden Wertansätzen. Deshalb ist das Kriterium der Verlässlichkeit der Bewertung im IFRS-System für die Bankenaufsicht von entscheidender Bedeutung. Die Aufsicht wird darauf achten müssen, dass die sich entwickelnden Spielregeln hierzu auch den Ansprüchen einer objektiven Wertfindung gerecht werden.

Überhaupt birgt das Thema der Angemessenheit der Risikovorsorge für Aufsicht und Institute weitere Fallstricke. Zunächst hat die Bankenaufsicht in diesem Kontext mit der Problematik umzugehen, dass die Verlustdefinitionen nach Basel II (sog. expected loss) und den IFRS (incurred loss des IAS 39) konzeptionell voneinander abweichen. Einerseits wird der erwartete Verlust nach Basel II auf der Grundlage eines zukünftigen Zeithorizonts von einem Jahr ermittelt, andererseits muss für den eingetretenen Verlust im Sinne des IAS 39 ein auslösendes Ereignis vor dem Bilanzstichtag identifizierbar sein. Müssen wir dafür wirklich zwei völlig verschiedene Rechenwerke von den Instituten verlangen? Beide Konzepte sollten in der Praxis doch möglichst zusammengeführt werden können und zumindest eine einheitliche Datengrundlage nutzen, um unnötige administrative Belastungen und zusätzliche Fehlerquellen bei der Aufbereitung paralleler Datenreihen für einen ähnlichen Zweck zu vermeiden. Für die Gruppenbewertung im traditionellen Kreditgeschäft sollten die Verlustereignisse beider Regelungswelten soweit kompatibel sein, dass die Pauschalwertberichtigungen nach Maßgabe der Prozesse zur Ermittlung erwarteter Verluste dotiert werden können.

Ein weiterer für die Aufsicht wichtiger Themenbereich – neben den Bewertungsfragen der IFRS – ist für die bankaufsichtliche Analyse die mangelnde Vergleichbarkeit von Rechnungslegungsinformationen über die Branche und über die Zeit. Hier bieten die IFRS wenig Standardisierung. Die europäischen Bankenaufseher sahen sich daher veranlasst, zumindest für die aufsichtlichen Informationen einen einheitlichen Rahmen zu entwickeln. Mit dem Financial Reporting Framework (FINREP) hat CEBS einen Melderahmen für IFRS-Rechnungslegungsdaten für bankaufsichtliche Zwecke vorgelegt, das sich in so genannte Core-Informationen mit Bilanz und GuV sowie Non Core-Informationen teilt. Letztere beinhalten eine ganze Reihe von Zusatzinformationen zu einzelnen Bilanz- und GuV-Posten über Laufzeiten und Kontrahenten. Auch hierbei handelt es sich um Empfehlungen von CEBS an die Bankenaufseher in den Mitgliedstaaten, die es national umzusetzen gilt. Im Interesse der Institute werden wir uns dabei in Deutschland im Wesentlichen auf die für uns wichtigen Bilanz- und GuV-Daten beschränken, da die weiter gehenden Untergliederungen bereits im Rahmen der Monatlichen Bilanzstatistik auf der Basis der Einzelabschlüsse erhoben werden. Entsprechende Vorschläge sollten noch in diesem Sommer – nach angemessener Konsultation des Kreditgewerbes – veröffentlicht werden können, um dann ab 2007 anwendbar zu sein.

6 Zeitwertorientierung der IFRS und Finanzmarktstabilität

Neben der bisher eher mikroprudentiell ausgerichteten Beurteilung der IFRS haben die internationalen Rechnungslegungsstandards für die Bankenaufsicht und im Besonderen für die Zentralbanken aber noch einen zweiten wichtigen Aspekt. Aus einem makroprudentiellen Blickwinkel geht es um mögliche Wirkungen der IFRS auf die Stabilität des Finanzsystems und dessen Diagnose. Dabei spielt die Zeitwertorientierung der IFRS insbesondere bei Finanzinstrumenten (IAS 39) wieder die zentrale Rolle. Ich muss hier erneut das Problem der Verlässlichkeit von Zeitwerten ansprechen, für die es z.T. keinen beobachtbaren Preis gibt, weil keine aktiven und liquiden Märkte für die betreffenden Aktiva existieren. Insbesondere für den Bereich der Kreditbewertung, der zentralen Größe in den Bilanzen von Banken, muss die Frage nach der Objektivierbarkeit der Bilanzierung vor der Einführung von Zeitwertansätzen zufriedenstellend gelöst werden, um eine verlässliche Rechnungslegung und das Vertrauen der Finanzmarktakteure in die Wertansätze zu gewährleisten. Zwar bemühen sich die maßgeblichen Standardsetter darum, verlässliche Spielregeln für die Ermittlung von Zeitwerten zu entwickeln. Die Versuche zeigen für mich aber auch, wie abhängig man von der Verfügbarkeit beobachtbarer Marktwerte ist. Fortgeführte Anschaffungskosten mögen nicht zu jedem Zeitpunkt der Lebensdauer eines Bankkredits den aktuellen Wert eines solchen widerspiegeln, sie sind aber jedenfalls zu jedem Zeitpunkt ein Wert, der sich objektiv nachvollziehen lässt. Modellgestützten Schätzwerten als Ersatz für beobachtbare Preise an liquiden Märkten – wie nach IAS 39 zulässig – fehlt es dagegen an der verlässlichen Nachvollziehbarkeit. Solange hier keine Lösungen verfügbar sind, ist es m. E. besser, mit dem gemischten Bewertungsansatz zu leben, nach dem Finanzinstrumente je nach Verfügbarkeit von verlässlichen Marktwerten entweder zum Zeitwert oder zu fortgeführten Anschaffungskosten bewertet werden.

Es wird im Hinblick auf die Finanzmarktstabilität auch befürchtet, dass mit der zunehmenden Zeitwertbewertung eine vermehrte und hierzulande eher ungewohnte Volatilität der Unternehmensergebnisse und Eigenkapitalgrößen einhergeht und damit auch die Volatilität der Finanzmärkte selbst zunimmt. Das gilt umso mehr, wenn Sicherungsbeziehungen zwischen Finanzinstrumenten, die unterschiedlichen Bewertungskategorien zugeordnet sind, bilanziell nur unzureichend abgebildet werden können. Ökonomisch geschlossene Positionen, bei denen das Grundgeschäft zu fortgeführten Anschaffungskosten und das Sicherungsgeschäft zum Zeitwert bewertet werden, können dann eine rein künstliche bilanzielle Volatilität verursachen. Dies ist nach den geltenden Regelungen des IAS 39 zum Hedge-Accounting der Fall. Sie lassen eine sachgerechte Abbildung portfoliobasierter Hedgeverfahren, wie kontinentaleuropäische Banken sie zur Steuerung ihres Zinsänderungsrisikos im Asset-Liability-Management anwenden, praktisch nicht zu. Die Regelungen sind deshalb auch noch nicht vollständig in europäisches Recht übernommen worden. Eine einvernehmliche Lösung, auf die insbesondere Banken mit langfristig orientierten Geschäftsbeziehungen und Zinsbindungen angewiesen sind, wurde noch nicht gefunden.

Es steht zu befürchten, dass die Finanzmarktakteure zur Vermeidung von bilanziellen Volatilitäten eher zur Kurzfristigkeit in ihren Finanzbeziehungen neigen werden und sich die Prozyklizität insbesondere der Kreditvergabe erhöhen könnte. Abgesehen davon, dass dadurch Zinsänderungsrisiken von den Banken auf ihre Kunden verlagert würden, kann ein Trend zur Kurzfristigkeit und stärkeren Prozyklizität der Bankgeschäfte nicht im Sinne der Finanzmarktstabilität sein. Ebenso kann eine solche Beeinflussung des Verhaltens der Anbieter von Finanzdienstleistungen durch ein neues Regelwerk nicht erwünscht sein. Rechnungslegungsinformationen sollten möglichst neutral sein und nicht die Auswahl eines bestimmten Geschäftsmodells präjudizieren oder begünstigen.

Die Erarbeitung einvernehmlicher Lösungen setzt natürlich voraus, dass die Beteiligten aufeinander zugehen und auch zuhören. Befürworter einer umfassenden Zeitwertbilanzierung weisen darauf hin, dass die Probleme einer höheren Volatilität zu einem wesentlichen Teil erst aus der Kombination aus Anschaffungskostenansatz und Zeitwertansatz resultieren. Dies mag wohl zutreffen. Trotz des erwähnten Verlässlichkeitsproblems der Zeitwerte mag ein umfassender Zeitwertansatz wohl auch in einer eher akademischen Modellbetrachtung gut funktionieren, die praktischen Probleme und Auswirkungen dürfen jedoch nicht übersehen werden.

Ein weiterer wichtiger Aspekt für die Bankenaufsicht ist in diesem Zusammenhang die Eigen- und Fremdkapitalklassifikation des IAS 32 (Financial Instruments: Disclosure and Presentation). Gerade für (kapitalmarktorientierte) Genossenschaftsbanken und öffentlich-rechtliche Kreditinstitute bedeutet die Eigenkapitaldefinition des Standards, dass durch die Inhaberoptionen zur Kapitalrückforderung bei Genossenschaftsanteilen und stillen Einlagen viele dieser Institute eine erhebliche Reduktion des bilanziellen Eigenkapitals hinzunehmen haben. Und obwohl die deutsche Bankenaufsicht vor allem hinsichtlich der Geschäftsguthaben der Kreditgenossenschaften erklärt hat, dass hier die bankaufsichtliche Eigenkapitalanerkennung trotz der IFRS-Fremdkapitalklassifikation erhalten bleibt, kann ein erheblich vermindertes bilanzielles Eigenkapital natürlich massive Nachteile haben. Hier sind vor allem steigende Refinanzierungskosten der Institute zu befürchten, die auf die Konditionen im Kundenkreditgeschäft durchschlagen können.

Im Übrigen genügt es aber nicht, die Finanzierungsfähigkeit des Kreditgewerbes für die Unternehmen zu wahren. Es muss auch darum gehen, die Kreditwürdigkeit der Unternehmen selber in der bilanziellen Außendarstellung zum Ausdruck zu bringen, weil bilanzielle Geschäftsdaten eine wichtige Entscheidungsgrundlage für eine Kreditgewährung sind. Eigenkapitaldefinitionen in der IFRS-Rechnungslegung, die bei den im Mittelstand überwiegenden Personengesellschaften zu einem Verlust des bilanziellen Eigenkapitals führen, sind im Grunde irreführend. Das Gesellschaftskapital sollte in sachgerechter Abgrenzung zum Fremdkapital angemessen dargestellt werden können und eine zutreffende Ratingeinstufung erleichtern. Insbesondere im Interesse einer ungestörten Kreditversorgung des Mittelstandes sehe ich hier noch Handlungsbedarf.

In diesem Zusammenhang möchte ich auch darauf hinweisen, dass das interne Rating der Kredite für bankaufsichtliche Zwecke im Basel II-Kontext nicht die Einreichung von IFRS-Unternehmensbilanzen bei den Instituten fordert. Die notwendigen Unterlagen für die Kreditgewährung können die Banken selbst definieren. Nach eindeutigen Aussagen aus dem Kreditgewerbe soll über das interne Rating der Institute kein Unternehmen in eine IFRS-Bilanzierung gezwungen werden.

7 Transparenz und Marktdisziplin

Ein weiterer Aspekt ist für die Bankenaufsicht noch von aktueller Bedeutung: Rechnungslegungsinformationen zielen darauf ab, die Marktteilnehmer über die wirtschaftliche Lage eines Unternehmens zu unterrichten. Das ausgewiesene Ergebnis sollte auch Prognosecharakter für die künftige Entwicklung haben. Zusätzlich sollten nach modernem Verständnis Risikoinformationen offen gelegt werden, um ein sachgerechtes Abwägen von Risiken und Chancen zu erlauben. Hier sind wir national nicht schlecht aufgestellt. Mit den Instrumenten des Risikoberichts und des Lageberichts können die Chancen und Risiken eines Unternehmens ergänzend zu den mehr vergangenheits- und stichtagsbezogenen Bilanz- und GuV-Daten dargestellt werden. Diese Sichtweise hat jetzt auch in die internationale Rechnungslegung Eingang gefunden. Insgesamt werden die Marktteilnehmer durch eine solche umfassende Informationsgewährung in die Lage versetzt, auf Unternehmensentwicklungen wirtschaftlich zu reagieren und damit auf das Unternehmensverhalten Einfluss zu nehmen. Die dazugehörigen Stichworte sind Markttransparenz und Marktdisziplin, die gerade mit Basel II auch in den Fokus des Aufsichtsprozesses gerückt sind. Über diese bankaufsichtlichen Regelungen zur Offenlegung von Informationen versucht die Aufsicht, disziplinierenden Marktmechanismen mehr Bedeutung zu verschaffen. Dahinter steht der Gedanke, dass ein Mehr an hinreichenden Risikoinformationen den Selbstregulierungsmechanismus der Märkte wesentlich verstärken kann und so Krisen von Kreditinstituten aufgrund übermäßiger Risikoneigung weniger häufig auftreten. Unsicherheiten wegen mangelnder Transparenz werden vermieden. Gute und schlechte Banken können besser voneinander unterschieden werden. Das Ansteckungsrisiko wird vermindert. Die Anpassungsreaktionen auf Marktentwicklungen erfolgen zeitnäher und in kleineren Schritten. Im Ergebnis trägt dies zur Finanzstabilität bei.

Die Säule 3 des neuen Baseler Eigenkapitalakkords (Basel II) und die entsprechenden Regelungen im EU-Umfeld folgen diesem Ansatz und sorgen unter Rückgriff auf die bankaufsichtlichen Eigenkapitalunterlegungsregeln für eine vergleichbare Eigenkapital- und Risikoberichterstattung der Banken an die Öffentlichkeit. Die nationale Umsetzung erfolgt in der gegenwärtig konsultierten Solvabilitätsverordnung.

8 Ausblick

Meine Damen und Herren,

die IFRS-Bilanzierung mit ihren größeren Ermessenspielräumen und potentiell höheren Volatilitäten bei Eigenkapital und Erfolg wird erhebliche Auswirkungen auf die Unternehmen und auch auf die Arbeit der Bankenaufsicht haben. Zudem bedeuten die größeren Ermessensspielräume der IFRS ein erhöhtes Unsicherheitspotential für die Marktteilnehmer.

Auch wenn die großen deutschen Unternehmen vergleichsweise gut auf die neue IFRS-Welt vorbereitet sein dürften, ist doch jeder Systemwechsel mit Unsicherheiten an den Finanzmärkten verbunden. Es gilt deshalb, mögliche Probleme in der Phase des Übergangs von HGB nach IFRS zu vermeiden. Das sehe ich mit Blick auf den Bankenmarkt am ehesten durch ein Zusammenspiel dreier Kräfte erreichbar:

- Die Bankenaufsicht wird ihr besonderes Augenmerk auf die Verlässlichkeit der Wertansätze richten und u.a. durch Prudential Filter die Qualität des bankaufsichtlichen Eigenkapitals verteidigen.

- Die Unternehmen – Banken und Nichtbanken gemeinsam mit ihren Wirtschaftsprüfern – sollten durch eine verantwortungsbewusste, objektiv nachvollziehbare Ermessensausübung bei Bewertungsentscheidungen und ein hohes Maß an Transparenz für die Klarheit der Jahresabschlüsse sorgen.

- Die Ratingagenturen sollten flankierend wirken, zumal sie schon jetzt nicht nur auf die Informationen aus den Jahresabschlüssen angewiesen sind.

So können Unsicherheiten und Irritationen hinsichtlich der Vergleichbarkeit der Abschlüsse in Grenzen gehalten werden. Die Bankenaufsicht wird versuchen, ihren Beitrag zu einem reibungslosen Übergang zu leisten, und die Modernisierung der Rechnungslegung weiter positiv begleiten. Dort, wo es notwendig ist, wird die Aufsicht die Informationen für ihre Zwecke aber anpassen.

Vielen Dank für Ihre Aufmerksamkeit!

*Christoph Ernst**

Nicht nur IFRS, sondern auch HGB – Die Modernisierung des deutschen Bilanzrechts

---

* Herr Ministerialrat FAStR Dr. Christoph Ernst ist Referatsleiter für die Bereiche Rechnungslegung und Publizität im BMJ, Berlin. Der Autor gibt ausschließlich seine persönliche Meinung wieder. Die Vortragsform wurde beibehalten.

Schönen guten Tag, meine Damen und Herren. Lieber Herr Professor Marten, herzlichen Dank für die einführenden Worte.

Sehr gerne bin ich wieder hier in Ulm und möchte berichten, wie weit wir inzwischen mit unseren Überlegungen hinsichtlich der Modernisierung des deutschen Bilanzrechts gekommen sind. Meine Damen und Herren, ein Problem habe ich aber natürlich. Ich fürchte, mancher von Ihnen war schon letztes Jahr hier und wird sich vielleicht erinnern, dass ich schon damals über das bevorstehende Bilanzrechtsmodernisierungsgesetz gesprochen habe. Sie werden unschwer festgestellt haben: Es ist ein Jahr vergangen, und das Bilanzrechtsmodernisierungsgesetz als solches ist immer noch nicht da. Ist in dem Jahr aber wirklich gar nichts passiert? Nein, meine Damen und Herren, natürlich nicht. Intern sind wir sehr viel weiter. Extern, d.h. mit der Vorlage des Gesetzentwurfs, wären wir auch gerne weiter. Die Gründe dafür, dass das noch nicht so weit gekommen ist, sind vielfältig. Es gibt zahlreiche unterschiedliche Projekte im Bilanzrecht. Darauf werden wir zum Schluss des Vortrags noch kurz eingehen. Man kann leider nicht alles gleichzeitig abarbeiten. Der Beginn einer neuen Legislaturperiode und das Ende der alten Legislaturperiode haben auch nicht unmittelbar zur Beschleunigung des Vorhabens beigetragen.

Das alles sind Aspekte, die man mit berücksichtigen muss. Aber, meine Damen und Herren, manchmal werden solche Verzögerungen ja auch belohnt. Warum? Hätten wir vor zwei, drei Jahren den Entwurf des Bilanzrechtsmodernisierungsgesetzes vorgestellt, hätte sich jeder gewundert: Wir haben doch die IFRS! Was bezweckt der Gesetzgeber nun noch mit einem Bilanzrechtsmodernisierungsgesetz? Und wie Sie auch schon bei den vorhergehenden Vorträgen heute festgestellt haben und wie Sie es auch ohnehin wissen, wenn Sie sich auch nur ansatzweise mit dieser Materie beschäftigen: Der Wind hat sich gedreht. Das Bedürfnis für andere Regeln als die IFRS ist, jedenfalls für bestimmte, insbesondere nicht kapitalmarktorientierte Unternehmen, klar gestiegen und es hat sich immer deutlicher herauskristallisiert, dass wir eine echte Alternative brauchen. Zum Beispiel wurde in der zu Beginn dieser Legislaturperiode zwischen CDU/CSU und SPD beschlossenen Koalitionsvereinbarung deutlich festgeschrieben, dass das Bilanzrechtsmodernisierungsgesetz ein wichtiges Vorhaben dieser Legislaturperiode ist. Auch sonst werde ich häufig gefragt, wann mit der Veröffentlichung des Entwurfs des Bilanzrechtsmodernisierungsgesetzes gerechnet werden kann. Deshalb ist der Titel dieses

Vortrags „Nicht nur IFRS, sondern auch HGB – Die Modernisierung des deutschen Bilanzrechts" ganz klar ein Satz mit Ausrufezeichen und nicht etwa nur mit einem Fragezeichen. Das heißt aber nicht, dass wir bei dem, was wir vorhaben, auch klar in dem Sinne trennen werden: Hier internationale Standards, mit der Berücksichtigung internationaler Entwicklungen – dort das HGB, verhaftet einer rein nationalen Betrachtungsweise nach dem Motto: „Wir schauen nur auf uns und das, was wir für richtig halten. Der Rest der Welt kann machen was er will." Das wäre in den heutigen Zeiten eine sehr verkürzte Betrachtungsweise, die auch nicht zum Erfolg führen würde.

Dies wird relativ klar, meine Damen und Herren, wenn Sie sich schon alleine den äußeren Rahmen der EU vor Augen führen. Im Bereich der EU werden Richtlinien und Verordnungen erlassen, die gerade im Bereich des Wirtschaftsrechts einen Großteil unserer nationalen Regelungen bestimmen – im Bilanzrecht ohnehin. Wir haben die EU-Verordnung zur Anwendung der IFRS und wir haben die Bilanzrichtlinien, die die Grundlage für unsere nationalen Regelungen im HGB darstellen. Die EU-Bilanzrichtlinien lassen viele Wahlrechte und Spielräume zu, aber der Boden ist das EU-Recht. Und das zeigt schon, dass wir uns an diesem Rahmen orientieren müssen. Das ist aber nicht das Entscheidende hier, denn es gibt nicht nur die rechtliche, sondern auch die wirtschaftliche Komponente. Was heißt das? Die Unternehmen, die die Rechnungslegungsstandards anwenden, sind zumeist in einem internationalen Umfeld tätig. Sie finden doch nur noch wenige Unternehmen, die rein national oder gar regional begrenzt sind. Diese gibt es zwar auch, aber wir müssen natürlich berücksichtigen, dass eine Vielzahl mittelständischer Unternehmen heute international tätig ist, sich im Wettbewerb mit Konkurrenten aus anderen Ländern befindet und auch im Wettbewerb um Eigen- bzw. Fremdkapital mit Unternehmen aus anderen Ländern konkurrieren muss. Diesem Umstand müssen wir Rechnung tragen. Das ist eine Grundvoraussetzung, die wir im Handelsbilanzrecht berücksichtigen müssen, und das ist natürlich auch etwas, was bei der Modernisierung des Handelsgesetzbuches eine Rolle spielen wird.

Lassen Sie uns kurz noch einmal zum Ausgangspunkt der ganzen Entwicklung kommen. Das ist die Einführung der IFRS in das deutsche Recht durch das Bilanzrechtsreformgesetz im Jahr 2004. Ich möchte hier aber nicht Eulen nach Athen tragen und Ihnen den Inhalt dieses Gesetzes vorstellen. Das wissen Sie ohnehin. Sie wissen, dass wir für den Bereich des Konzernabschlusses die IFRS eingeführt haben: als Pflicht für kapitalmarktorientierte Unternehmen, als Wahlrecht für sonstige Konzernunternehmen.

Worauf es mir ankommt, ist der Abs. 2a des § 325 HGB: Wahlrecht für große Kapitalgesellschaften im Einzelabschluss zur Anwendung der IFRS, aber nur in einem sehr eingeschränkten Umfang. Große Kapitalgesellschaften können nämlich zusätzlich einen IFRS-Abschluss aufstellen und ihn dann für die Zwecke der Publizität im Bundesanzeiger veröffentlichen. Im Umkehrschluss heißt das jedoch, dass sich für die Masse der Kapitalgesellschaften – mittlere und kleine Kapitalgesellschaften – mit dem Bilanzrechtsreformgesetz gar nichts geändert hat. Sie sind nach wie vor verpflichtet, einen Abschluss nach HGB aufzustellen. Für Zwecke der Gewinnausschüttung und der Besteuerung gilt dies im Übrigen auch für große Kapitalgesellschaften. Und d.h., dass wir bislang nur sehr eingeschränkte Möglichkeiten zur IFRS-Anwendung im Einzelabschluss haben.

Von besonderem Interesse sind die Erwägungen, die wir damals dieser Regelung zu Grunde gelegt haben. Warum ist das so? Ich kann mich an dieser Stelle kurz fassen, denn das haben meine Vorredner schon eindrucksvoll beschrieben. Die IFRS sind sehr aufwändig und komplex. Ich meine nicht, um das in einem Satz zusammenzufassen, dass sie für die Bilanzierung von kapitalmarktorientierten Unternehmen nicht geeignet sind. Für diese Zwecke sind sie gut, trotz aller auch hier beschriebenen Schwächen, und ich denke, für diese Zwecke sind sie auch dem HGB überlegen. Man kann über Vor- und Nachteile einzelner Standards lange diskutieren, aber zusammenfassend denke ich schon, dass dieses Rechnungslegungsregelwerk für kapitalmarktorientierte Unternehmen in die richtige Richtung geht. Allerdings ist es eine Menge Holz, was da zu bohren ist, und für den Mittelstand ist dieses Holz viel zu dick. Klar ist auch, dass die IFRS nicht geeignet sind, den Ausschüttungsgewinn zu bemessen. Daraus folgt, dass Unternehmen, die IFRS anwenden, für Zwecke der Gewinnausschüttung noch ein anderes Rechenwerk aufstellen müssen. Auch das ist für mittelständische Unternehmen zu viel an Arbeit.

Und, meine Damen und Herren, auch das ist schon mehrfach gesagt worden: Die IFRS werden zum Teil nicht dem deutschen Rechtssystem gerecht. IAS 32 ist heute bereits angesprochen worden. Ich weiß nicht, ob man sagen muss, lieber Herr Professor Baetge, es ist Unsinn. Man kann das, was das IASB gemacht hat, rechtfertigen. Aber es ist für deutsche Verhältnisse nicht geeignet und natürlich finden es die Unternehmen nicht gut, wenn sie für Zwecke der Information und der Kapitalbeschaffung auf IFRS umstellen wollen und feststellen, dass ihnen bei dieser Umstellung das ganze Eigenkapital abhanden gekommen ist. Es passt der alte Spruch „Geld ist nie weg, es ist nur woanders" – hier ist es eben im Fremdkapital, und der aufgeklärte Bilanzleser kann das auch unschwer feststellen. Aber es setzt eben einen aufgeklärten Bilanzleser voraus, und das, meine Damen und Herren, macht in der Tat nicht viel Sinn.

Ein weiteres Argument, das wir in unsere Überlegungen mit einbezogen haben und auch immer noch einbeziehen werden, war, dass die IFRS für KMU im derzeitigen Stadium nicht zufriedenstellend entwickelt sind. Das ist ebenfalls bereits angesprochen worden. Der Entwurf umfasst derzeit 250 Seiten auf der nach oben immer offenen IASB-Seitenskala. Es geht immer weiter und es ist noch nicht die ganze Wahrheit – auch das ist gesagt worden. Die IFRS für KMU enthalten ihrer Konzeption nach Querverweise auf die vollen IFRS, als sog. mandatory fallback, wenn also bestimmte Konstellationen bestehen, die im Rahmen des Projektes „IFRS für KMU" nicht zu lösen sind. Das ist enorm viel, was kleinere und mittlere Unternehmen anzuwenden hätten, wenn es denn dazu käme.

Was sind nun die Konsequenzen aus diesen Erkenntnissen, meine Damen und Herren? Es geht natürlich immer weiter, auch in der EU, und wir müssen berücksichtigen, dass selbstverständlich die IFRS, die richtigen IFRS für große Unternehmen, immer weiter verfeinert und vervollständigt werden. Wir haben in den letzten zwei, drei Jahren einige Standards und eine Menge von Interpretationen in das EU-Recht übernommen (Endorsement). Das ist nicht so schlimm, aber es geht ja weiter. Business Combinations Phase II ist heute schon thematisiert worden, mit einer deutlichen Hinwendung, noch mehr als bisher, zur Fair Value-Bilanzierung. Man muss sich überlegen, ob man das alles noch mitmachen kann. Auch dies setzt ein Fragezeichen hinter die Entwicklung beim IASB.

Denken Sie darüber hinaus nur an die Diskussion zum Framework. Dieses Rahmenkonzept soll überarbeitet werden. Es soll ein neues gemeinsames Framework von IASB und FASB, also dem US-amerikanischen Standardsetter, geschaffen werden. Wo geht die

Reise hin? Klar, zu noch mehr angloamerikanischer Bilanzierung. Der Begriff der reliability, der zuverlässigen Bewertung, wird abgeschafft. Herr Professor Baetge hat den Begriff ohnehin schon mit mindestens einem, wahrscheinlich vier Fragezeichen versehen. Der Begriff wird künftig gar nicht mehr vorkommen.

Meine Damen und Herren, das sind natürlich Entwicklungen, die einen nachdenklich stimmen, und man muss versuchen, dem Rechnung zu tragen. Auch innerhalb der EU setzt sich die Entwicklung fort. Die vierte und die siebte gesellschaftsrechtliche Richtlinie sind ergänzt worden. Auch um Regelungen für nicht kapitalmarktorientierte Unternehmen, von denen zusätzliche Angaben zu sog. Off-Balance-Sheet-Arrangements gefordert werden. Dies sind Beziehungen, die eigentlich gerade außerhalb der Bilanz stattfinden oder mit dem Ziel getätigt werden, gerade bestimmte Transaktionen aus der Bilanz heraus zu halten: special purpose entities-Konstruktionen, beispielsweise sale-and-lease-back. Nicht nur diese, sondern auch eine Menge anderer Konstruktionen sollen, nach dem Willen der EU jedenfalls, im Bilanzanhang erwähnt werden. Auch Beziehungen zu related parties, verbundene Unternehmen und Personen, werden künftig auch von nicht kapitalmarktorientierten Unternehmen mehr als bisher darzustellen sein. Das brauchen Sie sich im Einzelnen nicht zu merken, wichtig ist die Schlussfolgerung: Nach dem Willen der EU sollen mehr Informationen auch in den Abschluss von nicht kapitalmarktorientierten Unternehmen aufgenommen werden und auch das werden wir bei unseren künftigen Projekten zu berücksichtigen haben.

Natürlich müssen wir auch überlegen, wie es mit dem Projekt „IFRS für KMU" weitergeht. Wird dieses Vorhaben im Laufe der Zeit vielleicht doch noch zu einer so vernünftigen Alternative werden, dass man sagen könnte: naja, gut. Dann hätten wir vielleicht doch etwas, was als echte Alternative zu den IFRS in Betracht käme und dann könnten wir uns vielleicht etwas zurücklehnen und sagen: Machen wir nicht so viel bei der HGB-Bilanzrechtsmodernisierung, das IASB wird es schon richten. Das, meine Damen und Herren, wird aber schwierig und ich möchte die Bestandsaufnahme, die hier schon in den anderen Vorträgen erfolgt ist, zu diesem Thema noch etwas anreichern. Es kann auch nicht einfach sein, wenn das IASB mit diesen Standards kleine und mittelständische Unternehmen auf der ganzen Welt bedenken will. Diese „IFRS für KMU" sollen theoretisch für afrikanische Staaten, für europäische Staaten und auch für die USA gleichermaßen gelten. Natürlich hat das IASB eine Art Muster entwickelt und sagt, wir denken bei unserem Standard an ein Unternehmen, das im Durchschnitt 5 Mio. EUR Bilanzsumme und 10 Mio. EUR Umsatzerlöse hat. Aber das ist natürlich dann in der Diskussion, die in den Arbeitskreisen stattfindet, schnell vergessen und es prallen Gesichtspunkte aus Kontinentaleuropa, aus beispielsweise Afrika und Asien und den USA aufeinander. Wenn Sie dann in einer solchen Gruppe sitzen, dann ist da ein Vertreter aus den USA und der sagt, er habe überhaupt kein Problem damit, all' das zu machen, was in den „richtigen IFRS" steht; er wisse gar nicht, warum IFRS für KMU wirklich deutliche Erleichterungen bringen sollen. In seinem Unternehmen würde man tax planning für 15 bis 20 Jahre im Voraus betreiben. Ich frage ihn dann: „In was für einem Unternehmen sind Sie denn tätig?", und er antwortet mir: „In so einem richtig kleinen mittelständischen Unternehmen mit etwa 750 Mio. USD Bilanzsumme." Das ist dann schon etwas, das vom Erwartungshorizont auseinander geht, und das wird es dem IASB erschweren, hier zu vernünftigen Lösungen zu gelangen.

Dazu kommen noch rein menschliche Erwägungen. Das IASB hat die Standards ersonnen: die „full IFRS". Und was man mal gemacht hat, das ist irgendwie, jedenfalls im Unterbewusstsein, auch gut. Davon trennt man sich nicht mehr so gerne und man sagt natürlich häufig: Wieso auch? Wir haben doch schon einen schönen Standard und was gut für große Unternehmen ist, das kann doch für kleine Unternehmen nicht schlecht sein.

Der nächste Punkt, den es zu berücksichtigen gilt, sind die Überlegungen des IASB, dass alle Optionen der IFRS für große Kapitalgesellschaften auch im System von IFRS für KMU Niederschlag finden sollen. Man will denen ja etwas Gutes tun. Das hört sich toll an, heißt natürlich aber auch, dass man die ganzen komplizierten Berechnungsmodelle, die die IFRS beinhalten, auch für die kleinen Unternehmen zur Anwendung bringen muss. Und das ist nicht immer ein Vorteil. Auch impairment-only, was Herr Professor Baetge ebenfalls schon erwähnt hat, hört sich zunächst einmal gut an. Das mag trotz aller berechtigten Zweifel noch funktionieren, wenn ein großes Unternehmen mit viel Aufwand und einer großen Wirtschaftsprüfungsgesellschaft dahinter das mit gutem Willen ernsthaft durchexerziert. Wenn man das aber ungefiltert für kleine Unternehmen genauso zur Anwendung kommen lässt, dann ist der Bilanzvielfalt und der Willkür – man ist ja schon fast geneigt zu sagen, der Bilanzmanipulation – Tür und Tor geöffnet. Das wird schwierig, meine Damen und Herren.

Das alles sind Gesichtspunkte, die man berücksichtigen muss. Man ist also gut beraten, sich rechtzeitig auf Alternativen einzustellen und dafür Vorsorge zu treffen. Die nun wirklich rhetorisch gemeinte Frage lautet also: Alles auf die Karte „IFRS" setzen? Ich spiele gerne und es macht auch Spaß, zu wetten, aber ich glaube, diese Wette könnte man nicht gewinnen. Somit können wir das nicht machen und müssen zusätzlich auf die Karte „Modernisierung der nationalen Bilanzierungsvorschriften im HGB" setzen. Wie wollen wir dabei vorgehen? Wir wollen, und das ist mir wichtig, auf jeden Fall den Informationsgehalt eines HGB-Abschlusses erhöhen. Das hört sich erst einmal wie eine Binsenweisheit an, ist aber nicht selbstverständlich, denn manche sagen auch: „Betreibt nicht so viel Aufwand, der Mittelstand will nicht informieren." Da reicht im Grunde etwas, was auch für die steuerliche Gewinnermittlung genügt. Also eine Art Steuerbilanz, die dann auch mit ins Handelsrecht übernommen wird. Die umgekehrte Maßgeblichkeit in neuem Gewande. Das hört sich verlockend an und hat den Charme, dass für die Unternehmen der geringstmögliche Aufwand entstehen würde.

Aber ich glaube, das wäre zu kurz gedacht. Ich weiß, dass diese Auffassung in Deutschland noch weit verbreitet ist. In einem Lande, wo bislang bei weitem noch nicht alle Kapitalgesellschaften ihrer Pflicht zur Offenlegung der Jahresabschlüsse nachkommen, zum Teil noch nicht einmal wissen, dass es diese Pflicht gibt. Da ist es natürlich ungeheuer schwer, zu propagieren, dass mehr Informationen in die Bilanz müssen.

Aber trotzdem glaube ich nicht, dass man es sich so leicht machen sollte. Man würde es den Betroffenen, den Unternehmen, auch nur vermeintlich und scheinbar leicht machen. Denn das Umfeld ändert sich: In anderen europäischen Ländern ist der Trend zu mehr Information deutlich vorhanden. Da ist es auch für nicht kapitalmarktorientierte Unternehmen selbstverständlich, mehr von dieser Information zu geben. Nicht nur dem privaten Gesellschafter, sondern auch der Öffentlichkeit. Deswegen habe ich vorhin auch im Zusammenhang mit dem Projekt „Vierte und siebte EU-Richtlinie" darauf hingewiesen, dass die Informationspflichten für nicht kapitalmarktorientierte Unternehmen erweitert werden. Das war auch ein Aspekt, der in Deutschland nicht ungeteilte Begeisterung hervorgerufen hat. Man muss dies allerdings zur Kenntnis nehmen, und es ist besser, man stellt sich rechtzeitig darauf ein, als dass man hinterher den Anschluss verpasst. Dann säße man hier und hätte ein Regelwerk, das international überhaupt nicht zu gebrauchen ist und das den Unternehmen keinerlei Nutzen bei der Anwendung brächte. Ich denke, das sollten wir berücksichtigen.

Genauso müssen wir berücksichtigen, dass wir eine Bilanz schaffen müssen, mit Hilfe derer man Eigen- und Fremdkapital beschaffen kann. Wir können den IFRS nicht kampflos das Feld überlassen. Vorhin wurde Herrn Dr. Meister die Frage gestellt, ob Basel II die Anwendung der IFRS propagieren oder fördern sollte. Und die Antwort, die ich sehr begrüße, war ein klares „Nein". Das klingt schon fast wie abgesprochen, war es aber nicht. Jedoch ist dies der Standpunkt der gesamten Bundesregierung, wie er auch in der Beantwortung von parlamentarischen Fragen zum Ausdruck kommt. Die Bundesregierung sagt ständig, dass IAS 32 beispielsweise keinen Einfluss auf die Berechnung des Eigenkapitals von Kreditinstituten hat. Das ist eine ganz gefestigte Meinung. Wenn wir wollen, dass im Rahmen der Eigenkapitalbeschaffung und Fremdkapitalbeschaffung nach Basel II eben nicht alleine auf die IFRS abgestellt wird, dann müssen wir den Banken und der Bankenaufsicht auch eine Alternative zur Verfügung stellen. Sonst müssen die Banken doch zwangsläufig sagen, sie brauchen einen IFRS-Abschluss, wenn ansonsten so eine Art gestreckte Steuerbilanz ohne jeden Informationsgehalt auf den Tisch gelegt wird.

Unter diesem Gesichtspunkt müssen wir auch etwas für das HGB tun. Dabei ist die Kosten-Nutzen-Relation zu beachten. Wir wollen also nicht alles, was die IFRS an vergleichsweise hypotrophen Bewertungsmodellen den Unternehmen auferlegen, im Rahmen der HGB-Bilanzierung auch unseren Unternehmen auferlegen. D.h. Fair Value-Bilanzierung nur dort, wo es Sinn macht, wo wirklich Märkte bestehen, an denen sich der Fair Value einwandfrei und ohne große Rechenmodelle entwickeln lässt. Wenn die Unternehmen erst einmal drei Tage rechnen müssen, bis sie einen Bilanzwert ermittelt haben, ist wenig gewonnen. Herr Professor Baetge sagt völlig zu Recht, mit der Information könne er ohnehin nichts anfangen. Wenn man große Bandbreiten habe, was soll dann eine Fair Value-Bewertung? Richtig. Das müssen wir auch bei der HGB-Bilanzierung berücksichtigen; es soll Information bereitgestellt werden, die verlässlich und die für die Unternehmen auch mit vertretbarem Aufwand zu generieren ist.

Latente Steuern sind ein weiteres schönes Beispiel. Man hat immer sein Aha-Erlebnis, wenn man in Seminaren sitzt und ein Redner zu latenten Steuern doziert. Dieser legt dann eine dreiviertel Stunde lang eine Zahlenkolonne neben die nächste, nur um anschließend zu irgendeinem Ergebnis zu kommen, das aktive latente Steuern ausweist, die letztlich darauf beruhen, wie hoch die Steuererstattung vielleicht in vier, sechs oder acht Jahren ausfällt. Meine Damen und Herren, ich befasse mich nicht nur mit Bilanzrecht, nicht nur mit Abschlussprüfung, ich prüfe im Rahmen der sog. rechtsförmlichen Prüfung für das BMJ auch die Steuergesetze, die vom BMF ausgearbeitet werden. Jedes Jahr laufen bestimmt 20 oder 30 Gesetze des deutschen Steuergesetzgebers durch, die sämtliche langfristigen Berechnungen zu aktiven latenten Steuern im Grunde zur Makulatur werden lassen. Also, meine Damen und Herren, das kann man machen, wenn man es schön findet, und es mag auch einen gewissen Aussagewert haben. Aber den Mittelstand damit zu beschäftigen, tagelang seine Steuererstattungsansprüche auszurechnen, bringt nichts und ich glaube, das wäre auch kein Schritt in die richtige Richtung.

Schließlich und letztlich müssen wir natürlich schon sicherstellen, dass wir uns mit dem modernisierten HGB nicht allzu weit von der steuerlichen Gewinnermittlung entfernen. Die Formulierung verwende ich bewusst. Die HGB-Bilanzrechtsmodernisierung geht davon aus, dass die Maßgeblichkeit besteht und auch voraussichtlich noch bestehen bleiben kann. Um das ganz deutlich zu sagen: Es ist nach derzeitigem Stand nicht das Ziel, dass wir uns von diesem Grundsatz verabschieden. Dass die Maßgeblichkeit durchlöchert ist, wissen Sie alle; das ist lang besungen und auch nicht zu ändern. Man kann auch nicht garantieren, dass die Maßgeblichkeit noch in Ewigkeit bestehen bleibt. Sie kennen die nationalen Bestrebungen, die der Stiftung Marktwirtschaft zum Beispiel, und ebenso gibt es die internationalen Bestrebungen für einen EU-weiten Rahmen zur Schaffung einer einheitlichen steuerlichen Bemessungsgrundlage. Bis eine solche erreicht wird, muss noch ein sehr langer Weg zurückgelegt werden. In der Kürze der Zeit kann dies heute nicht im Einzelnen diskutiert werden, obwohl es ein interessantes Thema ist.

Aber, meine Damen und Herren, man sollte nicht sagen nie, nur weil der Weg dahin schwierig erscheint. Denn vom Ziel her ist es ja sinnvoll, eine einheitliche steuerliche Bemessungsgrundlage zu haben, um den Steuerwettlauf zwischen den einzelnen Mitgliedstaaten zu kanalisieren und in transparentere Bahnen zu lenken. Deshalb ist das BMF sehr offen und unterstützend gegenüber diesem Projekt; ich kann das nachvollziehen. Man kann als Handelsbilanzrechtler weinen, wenn dabei die Maßgeblichkeit auf der Strecke bleibt; das Ziel, eine einheitliche steuerliche Bemessungsgrundlage für ganz Europa zu finden, muss man, wenn man es objektiv sieht, aber anerkennen. Dies wird sicher nicht in den nächsten zwei oder drei Jahren passieren, aber man muss sich rechtzeitig darauf einstellen und versuchen, ein HGB zu schaffen, das dann noch einen leichten Übergang zur steuerlichen Gewinnermittlung ermöglicht, ohne sklavisch am Steuerrecht zu kleben. Denn das wäre, ich benutze den Ausdruck schon wieder, zu kurzsichtig. Mittelfristig muss man sehen, dass sich hier vielleicht etwas unterschiedliche Wege entwickeln werden. Dann bringt es auch nichts, an überkommenen Zöpfen festzuhalten. Ein bisschen mehr Mut kann sich dann auch das Handelsbilanzrecht zutrauen.

So, meine Damen und Herren, was machen wir denn jetzt im Einzelnen? Das sind, und das bitte ich jetzt wirklich zu beachten, Diskussionspunkte. Der Gesetzentwurf ist nicht publik, wir arbeiten intern daran, wir arbeiten Stellungnahmen aus. Es ist nicht so, dass es im BMJ schon in irgendeiner Form entschieden oder abgesegnet, geschweige denn mit anderen Ministerien oder sonst jemandem abgestimmt wäre. Deswegen wäre es ein falscher Eindruck, wenn Sie den Hörsaal verlassen und sagen, das BMJ hat dieses oder jenes konkret vor. Das muss ich einfach sagen, meine Damen und Herren, damit hier keine Missverständnisse entstehen.

Ich werde die Punkte, die ich Ihnen im Folgenden präsentieren werde, offen diskutieren. Sie können davon ausgehen, dass wir all' diese Punkte mit in unsere Überlegungen einbeziehen. Bei einigen ist das Ergebnis aber durchaus noch offen und es ist keinesfalls so, dass Sie all diese Gliederungspunkte in dieser Form und schon gar nicht in dieser apodiktischen Form im Gesetzentwurf finden werden. Aber ich möchte Sie ein bisschen in die Gedanken mitnehmen, mit denen wir uns zurzeit beschäftigen. Es ist ja auch vielleicht einmal ganz interessant zu sehen, wie man Pro und Contra bei so einem Projekt miteinander abwägen muss.

Dass man die Eckpfeiler der handelsrechtlichen Bilanzierung beibehält, ist, so glaube ich, relativ klar. Im Prinzip bleibt es bei Anschaffungskosten- und Vorsichtsprinzip. Wir werden uns aber sicherlich mit der Bewertung von Rückstellungen zu beschäftigen haben. Der Begriff „Pensionsrückstellungen" ist heute schon gefallen. Wenn Sie die Zeitungen der letzten Monate verfolgt haben, wissen Sie auch, dass das ein zentrales Thema ist. Denn § 6a EStG, der ja mehr oder weniger auch für das Handelsrecht gilt oder übernommen wird, ist, wenn auch fiskalisch nachvollziehbar, unter informatorischen Gesichtspunkten völlig unbefriedigend. Es weiß heutzutage jeder, dass diese Pensionsrückstellungen nach § 6a EStG nur die berühmte Spitze des Eisberges sind, die dann in der Bilanz erscheint. Das Wort von den stillen Pensionslasten ist ja mittlerweile allgemein gängig und bekannt. Für die Unternehmen ist es natürlich schön, wenn sie so weniger Rückstellungen bilden müssen bzw. können und andererseits dadurch ihr Eigenkapital höher ausweisen.

Aber, meine Damen und Herren, das ist ja auch nur noch ein Scheinerfolg. Mittlerweile weiß es jeder und fragt danach: Was verbirgt sich dahinter und was gibt es noch an zusätzlichen Lasten? Diese Aussage zu Pensionsrückstellungen, wie sie heutzutage in der Handelsbilanz enthalten ist, ist für jeden erkennbar nicht die ganze Wahrheit und es macht daher auch keinen Sinn, an diesen Bewertungsregeln festzuhalten. Wir denken darüber nach, sie zu ändern. Wir sind natürlich bemüht, Lösungen zu finden, die auch für die Unternehmen verträglich sind, denn wir reden hier über sehr viel Geld. Nicht das Rückstellungsvolumen, sondern das Verbindlichkeitsvolumen, also auch der nicht bilanzierten Verbindlichkeiten in diesem Bereich, liegt deutlich über 50 Mrd. EUR, wenn nicht sogar bei 80 bis 100 Mrd. EUR. In Anbetracht dieser Größenordnung müssen wir uns natürlich überlegen, wie wir diese finanziellen Brocken gegebenenfalls in die Bilanz bringen: Ob wir sie alle in die Bilanz aufnehmen, ob wir vielleicht doch Alt-Verbindlichkeiten nach wie vor draußen lassen oder wie wir dieses Problem ansonsten lösen.

Nun, meine Damen und Herren, mit einer solchen Betrachtungsweise wie bisher werden wir wohl nicht weiterkommen. Wir haben in Deutschland das strenge Stichtagsprinzip, und zum Ausgleich dafür werden Rückstellungen auch nicht abgegrenzt. International ist die Berücksichtigung künftiger Wert-, Lohn- und Preissteigerungen üblich und zum Ausgleich dafür werden gewissermaßen Rückstellungen abgegrenzt. Ich denke, dies ist ein richtiger Weg und man sollte versuchen, ihn zu gehen.

Nun bin ich schon wieder bei Professor Baetge. Er hat völlig zu Recht darauf hingewiesen, es bringe alles nichts, wenn die Bandbreite bei der Bewertung der Pensionsrückstellungen zu groß sei. Hier arbeiten wir im Moment an der verlässlichen Bestimmung des Abzinsungssatzes. Denn, wenn wir sagen, bei Rückstellungen und Sachleistungsverpflichtungen sind künftige Wert- und Preisentwicklungen mit einzubeziehen, und lassen dann die Unternehmen bei der Festlegung des Abzinsungssatzes alleine, haben wir informatorisch gar nichts gewonnen. Denn dann verfährt jedes Unternehmen, wie es will. Es entsteht eine riesige Bandbreite und Scheingenauigkeit und wir würden in die gleichen Schwierigkeiten hinein laufen, denen sich das IASB gegenübersieht. Hier arbeiten wir noch daran, vernünftige Regelungen für die Abzinsung zu finden. Man wird nicht umhinkommen, Regelungen zur Festlegung des Zinssatzes in das Gesetz zu schreiben.

Die Fair Value-Bewertung von Finanzinstrumenten ist ein weiterer hoch interessanter Punkt. Sie haben vermutlich mitbekommen, dass durch ein Steuergesetz aus der jüngeren Zeit, dem Gesetz zur Eindämmung steuerlichen Missbrauchs, eine Regelung in das Einkommensteuergesetz gekommen ist (§ 6 EStG), demzufolge das Steuerrecht handelsrechtliche Bewertungseinheiten anerkennt. Oder besser formuliert: Steuerlich werden Bewertungseinheiten und Wertansätze anerkannt, soweit sie das Handelsrecht anerkennt. Das muss man sich auf der Zunge zergehen lassen, meine Damen und Herren. Wir wissen, dass viele Unternehmen, insbesondere Kreditinstitute, beim Handelsbestand zum Teil schon zur Marktbewertung übergegangen sind und Bewertungseinheiten bilden. Wir wissen genauso gut, dass im HGB dazu kein einziger Satz steht. Hier ist es höchste Zeit, dass wir etwas in das HGB hinein schreiben. Fair Value-Bewertung von Finanzinstrumenten zumindest für den Handelsbestand. Ob wir darüber hinausgehen, darüber müssen wir noch nachdenken. Entschieden, wie gesagt, ist auch das noch nicht, aber auch hier besteht Handlungsbedarf.

Thema „Abgrenzung des Konsolidierungskreises", also der Kreis der Unternehmen, die in den Konzernabschluss einbezogen werden: Auch hier ist Änderungsbedarf offenkundig. In Deutschland ist das Merkmal der Beteiligung unverzichtbar, international gilt das Merkmal der Beherrschung. Hier werden wir vermutlich überlegen, wie wir diesem Umstand Rechnung tragen können.

Abschaffung von Ansatz- und Bewertungswahlrechten: Das kennen Sie vermutlich bereits, weil das Thema viel diskutiert wird. Handelsbilanzrechtlich scheint die Bildung von Aufwandsrückstellungen nicht mehr sinnvoll, jedenfalls soweit sie steuerlich nicht anerkannt sind. Da wird man sicherlich auch Änderungsbedarf sehen können. Genauso bei Bewertungswahlrechten, Sonderabschreibungsrechten im Handelsrecht nach § 253 Abs. 4 und 5 HGB. Sind diese heute noch notwendig?

Was auch sehr interessant ist, um jetzt mal etwas weiter zu springen, ist natürlich der Punkt „Aktivierbarkeit selbst geschaffener immaterieller Vermögensgegenstände". Das ist etwas, woran sich die Geister scheiden. Man kann sehr wohl die Auffassung vertreten, wie sie ja auch bisher im HGB ihren Niederschlag gefunden hat, die Aktivierung solcher Vermögenswerte würde der Bilanz keine zusätzliche Aussagekraft verleihen. Wie will man vermutlich erfolglose von wahrscheinlich erfolgversprechenden Aufwendungen für die Entwicklung künftiger Produkte trennen? Wie will man feststellen, ob irgendwelche im Unternehmen entwickelten Geschäftsideen, künftige Markenpatente etc. oder auch schon angemeldete Patente, aber eben noch nicht veräußerte oder angeschaffte Patente, tatsächlich etwas wert sind? Das HGB ist bisher in seiner Ausprägung des Vorsichtsprinzips von Folgendem ausgegangen: Eine Idee, von der man noch nicht weiß, ob sie jemals etwas wert sein wird, lassen wir in der Bilanz unberücksichtigt. International sieht man es eher anders und sieht auch unter bestimmten Voraussetzungen immaterielle Vermögensgegenstände als aktivierungspflichtigen Vermögensgegenstand oder Vermögenswert an. Man kann durchaus darüber nachdenken, ob man auch für das HGB einmal probiert, so etwas einzuführen. Das Ergebnis ist noch offen. Es hat aber auch den Charme, dass man damit natürlich den Unternehmen mehr Möglichkeiten aufzeigt, das zu präsentieren, was im Unternehmen an Know-how vorhanden ist. Diese Formulierung habe ich wiederum bewusst gewählt. Wenn, oder besser gesagt falls, wir diesem Gedanken einmal näher treten werden, dann ganz bestimmt nur mit einer Ausschüttungssperre. Denn dass auf aktivierte immaterielle Vermögensgegenstände des Anlagevermögens keine Ausschüttungen erfolgen können, so glaube ich, versteht sich von selbst. Aber auch hier, ich sage es zum dritten Mal, entschieden ist noch nichts.

Meine Damen und Herren, man muss sich dann natürlich auch überlegen, ob man die umgekehrte Maßgeblichkeit unter diesen Voraussetzungen noch aufrechterhält. Dies kann man tun. Systematisch befriedigend ist es auch, wenn man die umgekehrte Maßgeblichkeit aufgibt. Das setzt allerdings einigen zusätzlichen Regelungsaufwand voraus und auch hier wird man im Sinne einer Kosten-Nutzen-Analyse noch zu überlegen haben: Wo liegt der Vorteil, wo liegt der Nachteil, und wie geht man am besten mit dieser Frage um?

Das, meine Damen und Herren, sind einige Gesichtspunkte aus einer ganzen Reihe, mit denen wir uns zurzeit beschäftigen. Um nochmals deutlich zu machen, dass es gar nicht einfach ist und dass man gleichzeitig auch ein bisschen in die Tiefen des Bilanzrechts kommt, noch ein einziges Beispiel: Vorgeschlagen wurde u.a. auch, die Rechnungsabgrenzungsposten abzuschaffen. International sind diese nicht üblich. Wer braucht sie schon? Wozu sind sie noch gut? Das hört sich erst einmal verlockend an. Aber kann man sie abschaffen und sagen, dass jede Abgrenzung, die bisher Rechnungsabgrenzungsposten war, künftig als Forderung oder eben entsprechend als Verbindlichkeit auszuweisen ist? Das ist nicht unbedingt deckungsgleich. Ein simples Beispiel mag dies verdeutlichen: Jemand zahlt am 30.12.2006 die Miete für das ganze Jahr, beginnend vom 01.07.2006 bis zum 30.06.2007. Der klassische simple Fall des Rechnungsabgrenzungspostens. Ja, meine Damen und Herren, was machen Sie dann aber, wenn Sie den künftigen Anspruch für den Zeitraum 01.01. bis 30.06.2007 bilanzieren? Das wäre dann künftig eine Forderung. Dann stellt sich aber die Frage: Auf was ist eine solche Forderung denn überhaupt gerichtet? Ganz bestimmt nicht auf Geld. Wenn überhaupt, dann auf die künftige Überlassung des gemieteten Gegenstandes, der gemieteten Sache, des Wohnraums oder des Geschäftsraums. Dann kommt man aber dogmatisch in ganz neue Fahrwasser. Und dann kann man vielleicht dazu übergehen, künftig den Anspruch auf Nutzungsüberlassung als Forderung zu bilanzieren. Nächstes Problem: Was ist dieser Anspruch denn wert? Erstmal sicherlich einfach die gezahlte Miete, die Anschaffungskosten. Und was ist, wenn Sie in Berlin wohnen, wo die Büromiete jeden Tag in den Keller geht und Sie dann abschreiben müssen? Sie sehen, das ist alles nicht so einfach und bei jedem Punkt muss man länger überlegen, ob man von den bisherigen HGB-Grundsätzen abweichen soll oder nicht. Das aber nur als kleiner Exkurs, um auch deutlich zu machen, dass wir uns recht gründlich mit der Problematik beschäftigen. Aber dann ist auch klar, dass man die ganze HGB-Modernisierung nicht eben in sechs Wochen abschließen kann.

Meine Damen und Herren, in der nächsten Zeit werden wir sicherlich den Entwurf des zugegebenermaßen schon lange angekündigten Bilanzrechtsmodernisierungsgesetzes präsentieren. Irgendwann nach der Sommerpause wird es soweit sein. Wir müssen uns auch noch mit anderen Fragen befassen. Wir müssen die Regelungen der vierten und siebten EU-Richtlinie, die ich beschrieben habe, umsetzen. Wir müssen Regelungen aus der achten EU-Richtlinie (Abschlussprüferrichtlinie) umsetzen. Sie beschäftigt sich mit Fragen der Berufsaufsicht und auch der Unabhängigkeit der Abschlussprüfer. Und wir haben bereits zusammen mit dem BMF die Transparenz-Richtlinie umgesetzt. Übrigens, so denke ich, ein ganz interessanter Regelungsvorschlag auch für Nicht-Kapitalgesellschaften. Alle Unternehmen, d.h. deren Vorstände, müssen nämlich nach dem gerade vorgelegten Diskussionsentwurf des Transparenz-Richtlinienumsetzungsgesetzes künftig mit der Vorlage der Bilanz bestätigen, dass die Bilanz nach bestem Wissen und Gewissen richtig aufgestellt ist. Das ist grundsätzlich nichts Neues, aber schon nochmals eine zusätzlich Bekräftigung, die natürlich die Vorstände dazu anhalten soll, noch gründlicher als bisher über den Pflichtenkreis nachzudenken, dem sie unterliegen. Es bleibt abzuwarten, wie die Reaktion darauf ausfallen wird.

Zudem befindet sich noch das Gesetz über elektronische Handelsregister und Genossenschaftsregister sowie das Unternehmensregister im Gesetzgebungsprozess. Das ist aus einem bilanzrechtlichen Blickwinkel interessant, weil es die Offenlegungsvorschriften grundlegend ändern wird. Künftig, bereits ab 2007, werden alle Jahresabschlüsse elektronisch zum elektronischen Bundesanzeiger einzureichen sein; sie können dann auch elektronisch abgerufen werden. Das ist natürlich, meine Damen und Herren, was die Offenlegungspraxis in Deutschland anbelangt, ein Quantensprung. Ob nach vorne oder aus Sicht der Unternehmen nach hinten, das überlasse ich dann erst einmal Ihrer Beurteilung.

Meine Damen und Herren, Sie haben gesehen, das wichtigste Vorhaben ist sicherlich das Bilanzrechtsmodernisierungsgesetz. Gleichzeitig ist es auch das komplizierteste, aber ich denke, es ist es wert, sich damit zu beschäftigen. Sie haben gesehen, wir werden uns in der Mitte einpendeln zwischen den IFRS auf der einen Seite und dem Steuerbilanzrecht auf der anderen Seite. Und ich glaube, dass das Ziel, eine Alternative zu den IFRS für den Mittelstand zu schaffen, wichtig ist und verfolgt werden sollte. Es geht eben gerade auch um eine vollwertige Alternative, wenn wir den Unternehmen helfen wollen, auch in Zukunft Kapital aufzunehmen – Eigenkapital oder auch Fremdkapital.

Wer mich kennt, der weiß, dass ich mich auch für Fußball interessiere und einen Monat vor der Weltmeisterschaft ist es natürlich klar, so einen Vortrag mit einem Vergleich zum Fußball zu beenden. Bei uns ist es im Grunde wie mit der deutschen Nationalmannschaft. Genauso wie Herr Klinsmann feilen auch wir noch an unserer Aufstellung. Herr Klinsmann muss für sein Team einige ältere verdiente Nationalspieler aussortieren, weil sie den heutigen Anforderungen und Ansprüchen nicht mehr genügen. Auch wir müssen das tun. Einige ältere Regelungen, die heute vielleicht nicht mehr so funktionsfähig sind wie früher, werden wir aus dem HGB herausnehmen. Man muss aber aufpassen. Wenn ich nur junge, unerfahrene Spieler einsetze, denen die Praxis und die Erfahrung fehlen, dann habe ich nichts gewonnen. Wenn ich eine solche unerfahrene Abwehr auf den Platz stelle, dann verliere ich 1:4 gegen Italien. Und wenn wir lauter neue Regelungen schaffen, die sich in der Praxis nicht bewährt haben und nicht belastbar sind, dann tun wir den Unternehmen auch nichts Gutes, sondern werden gleichfalls zusammen ins Hintertreffen geraten. Das ist schlecht.

Und so gesehen, meine Damen und Herren: Die Mischung macht's. Wir werden uns jedenfalls bemühen, ein HGB-Regelwerk zu schaffen, mit dem man vielleicht nicht Weltmeister werden kann. Dazu muss man Brasilianer sein und nach IFRS bilanzieren. Aber andersherum werden wir uns auch bemühen, ein Regelwerk zu schaffen, das es den mittelständischen Unternehmen jedenfalls erleichtert, die Vorrunde zu überstehen, wenn es um den Wettbewerb um Kapital geht. Und das, die Vorrunde zu überstehen, das muss Herr Klinsmann erst einmal schaffen.

Ich bedanke mich herzlich für Ihre Aufmerksamkeit.

Wolfgang Schaum [*]

Die Abbildung der wirtschaftlichen Lage am Beispiel der Bilanzierung von Pensionsverpflichtungen nach HGB und IFRS

Gliederung

1	**Problemstellung**
2	**Abbildung von Pensionsrückstellungen nach HGB und IFRS**
2.1	Die Bilanzierung von Pensionsrückstellungen in der Diskussion
2.2	Informationsgehalt des Jahresabschlusses in Bezug auf den Ausweis der Pensionsrückstellungen
2.3	Wirtschaftlicher Charakter von Pensionsverpflichtungen und bilanzielle Konsequenzen
2.4	Unterschiede zwischen der Bilanzierung von Pensionsverpflichtungen nach HGB und IFRS
2.4.1	Ansatzvorschriften
2.4.2	Bewertungsvorschriften
2.4.2.1	Bewertungsgrundsätze
2.4.2.2	Ansammlungsmodus
2.4.2.3	Abzinsungsfaktor
2.4.2.4	Behandlung versicherungsmathematischer Gewinne und Verluste
2.4.2.5	Berücksichtigung von Gehaltstrends
2.4.2.6	Berücksichtigung der Fluktuation
2.5	Auswirkung der Bilanzierungsunterschiede zwischen HGB und IAS 19 auf die Darstellung der wirtschaftlichen Lage

---

[*] WP/StB Dr. Wolfgang Schaum ist Mitglied des geschäftsführenden Vorstands des Instituts der Wirtschaftsprüfer in Deutschland e.V. (IDW), Düsseldorf. Der Verfasser vertritt ausschließlich seine persönliche Auffassung.

3   Vorschlag des IDW für ein neues Bewertungskonzept bei Pensionsrückstellungen

Literaturverzeichnis

1 Problemstellung

Dem Ausweis von Pensionsverpflichtungen im Jahresabschluss kommt für den Aussagegehalt des Jahresabschlusses eine wesentliche Bedeutung zu. Die im DAX 30 vertretenen Konzerne weisen nach einer Studie der Unternehmensberatung Rauser Towers Perrin im Jahr 2005 Pensionslasten in Höhe von 247 Milliarden Euro aus.[1] Dies bedeutet eine Erhöhung um 40 Milliarden Euro im Vergleich zum Vorjahr und entspricht mehr als einem Drittel des Börsenwerts der DAX 30 Unternehmen. Der starke Anstieg der bilanzierten Pensionslasten ist auf den gesunkenen Rechnungszins zurückzuführen, der nach internationalen Rechnungslegungsregeln (IFRS und US-GAAP) in den Konzernabschlüssen 2005 zur Anwendung gelangte. Da Pensionsrückstellungen in HGB-Jahresabschlüssen üblicherweise nach den Vorschriften des § 6a EStG mit einem konstanten Rechnungszins von 6% abgezinst werden, ergeben sich üblicherweise erhebliche Differenzen beim Ausweis von Pensionsverpflichtungen, je nach dem welches Rechnungslegungsnormensystem zur Anwendung gelangt. Pensionsverpflichtungen werden in der Literatur als eines der wichtigsten Elemente der externen Bilanzanalyse bezeichnet.[2]

Gegenstand des vorliegenden Beitrags ist eine Untersuchung der Frage, welches Rechnungslegungsnormensystem – IFRS oder HGB – über die wirtschaftliche Lage des bilanzierenden Unternehmens in Bezug auf den Ausweis des Bilanzpostens „Pensionsrückstellungen" besser informiert. Die Untersuchung beschränkt sich auf unmittelbare (direkte) Pensionszusagen, die unter den Begriff der leistungsorientierten Pläne im Sinne von IAS 19.7 fallen. Nicht in den Betrachtungsgegenstand einbezogen werden mittelbare Pensionszusagen sowie beitragsorientierte Pläne. Auch die Behandlung des sog. Planvermögens ist nicht Gegenstand der Untersuchung.

---

[1] Vgl. *o.V.* (2006b), S. 25.
[2] Vgl. *Küting, K./Keßler, M.* (2006), S. 192 m.w.N.

2 Abbildung von Pensionsrückstellungen nach HGB und IFRS

2.1 Die Bilanzierung von Pensionsrückstellungen in der Diskussion

Das IDW hat auf die Defizite der Bewertungsvorgaben des § 6a EStG hingewiesen und sich für ein neues Bewertungskonzept bei Pensionsrückstellungen ausgesprochen.[3] Die Presseinformation, in der das IDW darauf hinweist, dass die steuerlichen Regelungen es nicht gestatten, die tatsächliche wirtschaftliche Belastung der Unternehmen zutreffend widerzuspiegeln, hat sowohl in der Presse als auch in der Politik ein großes Echo hervorgerufen. Selbst die Bildzeitung, die im Allgemeinen nicht der Wirtschaftspresse zugeordnet wird, titelt in ihrer Bundesausgabe vom 27.01.2006 auf Seite 2 mit der Frage: „Geht unseren Betriebsrenten das Geld aus?" Klaus-Peter Feld vom IDW wird zitiert mit den Worten: „Die Unternehmen haben ihren Mitarbeitern zur Zeit Pensionszusagen von rd. 300 Milliarden EUR gemacht, dafür aber nur mit 215 Milliarden EUR vorgesorgt. Es fehlen also 85 Milliarden EUR Pensionsrückstellungen!". Spätestens mit dieser Schlagzeile wurde die Problematik um die Bilanzierung von Pensionsrückstellungen auch der breiten Öffentlichkeit vor Augen geführt.

Zum anderen haben Abgeordnete der FDP-Fraktion die Berichterstattung in der Frankfurter Allgemeinen Zeitung[4], die auf der IDW Presseinformation beruht, zum Anlass genommen, eine Kleine Anfrage an die Bundesregierung zur Angemessenheit des Rechnungszinsfußes bei Pensionsrückstellungen zu richten.[5] Auf die Frage, ob die Bundesregierung die Auffassung des Instituts der Wirtschaftsprüfer teile, wonach der bei der Ermittlung der Pensionsrückstellungen gemäß § 6a Abs. 3 Satz 3 EStG anzuwendende Zinssatz von 6 v.H. im Vergleich zur durchschnittlichen Kapitalmarktrendite der letzten Jahre zu hoch sei, antwortet die Bundesregierung, dass sich der Gesetzgeber bei der Festlegung des Rechnungszinsfußes neben dem Zinssatz für langfristige Kapitalanlagen auch an der Prognose über die Kapitalrendite von Unternehmen mit Pensionsverpflichtungen orientiere. Deshalb bewege sich trotz der gegenwärtigen Periode einer niedrigen Kapitalverzinsung der Rechnungszinsfuß von 6 v.H. bei langfristigen Versorgungsverpflichtungen noch innerhalb des gesetzgeberischen Gestaltungsspielraums. Im Übrigen bestehe zwischen dem bilanzsteuerlich zu berücksichtigenden Rechnungs-

---

[3] Vgl. *IDW (Hrsg.)* (2006).
[4] Vgl. *o.V.* (2006a), S. 13.
[5] Vgl. *Bundestag (Hrsg.)* (2006a).

zinsfuß und der Finanzierung der Versorgungsverpflichtung kein unmittelbarer Zusammenhang. Die Bildung einer Pensionsrückstellung nach § 6a EStG erfolge unabhängig von der Frage, ob und wie der Arbeitgeber tatsächlich Versorgungskapital zur Abdeckung seiner Pensionszusagen anspart. Durch die Einrichtung des Pensionssicherungsvereins sei zudem die Gefahr für die Erfüllung der Versorgungszusagen ausgeschlossen.[6] Auf diese Argumente wird an späterer Stelle noch einzugehen sein.

2.2 Informationsgehalt des Jahresabschlusses in Bezug auf den Ausweis der Pensionsrückstellungen

Ansatz und Bewertung von Pensionsverpflichtungen im Jahres- bzw. Konzernabschluss haben maßgeblichen Einfluss auf die Darstellung der wirtschaftlichen Lage des bilanzierenden Unternehmens. Die Frage, welches Rechnungslegungsnormensystem – HGB oder IFRS – in Bezug auf den Ausweis der Pensionsverpflichtungen über die wirtschaftliche Situation und Entwicklung des bilanzierenden Unternehmens besser informiert, ist anhand der Darstellung der Vermögens-, Finanz- und Ertragslage im Abschluss zu beurteilen.

Die Vermögenslage wird dann zutreffend dargestellt, wenn die ausgewiesenen Pensionsverpflichtungen den tatsächlichen Verpflichtungsumfang zutreffend widerspiegeln.

Die Finanzlage soll über die Herkunft und die Verwendung der eingesetzten Mittel und deren Fristigkeit informieren. Dem Verschuldungsgrad kommt in diesem Zusammenhang bei der Kreditvergabe nach den Basel II-Kriterien eine erhebliche Bedeutung zu. Die Darstellung der Finanzlage wird in einem IFRS-Abschluss maßgebend beeinflusst durch das Saldierungsgebot von Pensionsverpflichtungen mit den zu ihrer Deckung vorhandenen Vermögenswerten (Planvermögen oder *plan assets*).[7] Dadurch kommt es zu einer Bilanzkürzung im Vergleich zum Ausweis in einem HGB-Abschluss, in dem das Saldierungsverbot des § 246 Abs. 2 HGB zu beachten ist (Bruttoausweis).

Eine zutreffende Darstellung der Ertragslage gibt Aufschluss über die aktuelle Ertragskraft des Unternehmens und die Nachhaltigkeit des Unternehmenserfolgs. Welch ent-

---

[6] Vgl. *Bundestag (Hrsg.)* (2006b).
[7] Vgl. IAS 19.54.

scheidenden Einfluss das Bewertungswahlrecht zur Behandlung versicherungsmathematischer Gewinne und Verluste auf die Darstellung der Ertragslage in einem IFRS-Abschluss ausübt, wird im Einzelnen noch darzustellen sein.

Die im Jahres- bzw. Konzernabschluss bereit gestellten Informationen und die Beurteilung der sich daraus ergebenden wirtschaftlichen Lage des Unternehmens sind jedoch immer vor dem Hintergrund der unterschiedlichen Aufgaben der Rechnungslegung nach IFRS und HGB zu sehen. HGB und IFRS unterscheiden sich deutlich in der Art der Berücksichtigung der jeweiligen Interessen der unterschiedlichen Jahresabschlussadressaten (stakeholder). Während sich die im HGB-Jahresabschluss zu vermittelnden Informationen an eine Vielzahl von stakeholder richten (aktuelle und potentielle Anteilseigner, Gläubiger, Unternehmer, Geschäftspartner, den Fiskus und die interessierte Öffentlichkeit)[8], ohne dass eine bestimmte Adressatengruppe bevorzugt würde, orientiert sich die IFRS-Rechnungslegung primär an den Bedürfnissen der Investoren.[9] Alleinige Aufgabe der IFRS-Rechnungslegung ist gemäß dem IASB Framework die Übermittlung entscheidungsrelevanter Informationen: Die Abschlussadressaten sollen über die Vermögens- und Finanzlage, deren Veränderungen sowie über die Leistungsfähigkeit des bilanzierenden Unternehmens informiert werden, damit sie ihre eigenen ökonomischen Entscheidungen treffen können.[10]

Neben der Informationsaufgabe hat der handelsrechtliche Jahresabschluss noch zwei weitere Funktionen zu erfüllen. Zum einen bildet er die Grundlage für das gesellschaftsrechtliche Schutzsystem.[11] Dem handelsrechtlichen Jahresabschluss kommt somit eine Ausschüttungsbemessungsfunktion zu, indem er das zum Schutz der Gläubiger in der Gesellschaft zu bindende Vermögen von dem in die Disposition der Gesellschafter zu stellenden Ausschüttungspotential abgrenzt. Darüber hinaus kommt dem handelsrechtlichen Jahresabschluss über den Grundsatz der Maßgeblichkeit in § 5 Abs. 1 EStG auch eine Steuerbemessungsfunktion zu. Über die Maßgeblichkeit wird die handelsrechtliche Bilanzierung in erheblichem Maße durch steuerliche Überlegungen geprägt. Dies zeigt sich insbesondere auch bei der Bewertung von Pensionsrückstellungen im HGB-Abschluss nach den Vorschriften des § 6a EStG. Der Fiskus wird durch die Bindung an

---

[8] Vgl. *Baetge, J./Thiele, S.* (1997), S. 13.
[9] Vgl. IASB Framework, Tz. 10. Dem liegt die Annahme zugrunde, dass hierdurch die Informationswünsche der übrigen Abschlussadressaten ebenfalls weitestgehend erfüllt wurden.
[10] Vgl. IASB Framework, Tz. 12.
[11] Vgl. *Naumann K.-P./Breker, N.* (2003), Rn. 25.

den handelsrechtlichen Jahresüberschuss als „stiller Teilhaber" am Unternehmen angesehen, dessen Gewinnansprüche nicht anders bemessen werden sollen als die Ansprüche anderer Teilhaber am Gewinn des Unternehmens.[12] Bei der Ausgestaltung der IFRS spielen sowohl die Steuer- als auch die Ausschüttungsbemessung keine Rolle.

2.3 Wirtschaftlicher Charakter von Pensionsverpflichtungen und bilanzielle Konsequenzen

Wirtschaftlich betrachtet, sind Pensionsverpflichtungen Entgelte für Arbeitsleistungen, deren Bezahlung zeitlich aufgeschoben wird, typischerweise in den Zeitraum des Ruhestandes des Arbeitnehmers. Ob und in welcher Höhe die Pensionsverpflichtungen zur Auszahlung gelangen, ist aufgrund von biometrischen Risiken ungewiss. Zum einen besteht Unsicherheit dem Grunde nach, da die Pensionsverpflichtungen durch vorzeitiges Ausscheiden des Anspruchsberechtigten aus dem Unternehmen oder durch Versterben während der Zeit bis zur Unverfallbarkeit wegfallen können. Zum anderen besteht Unsicherheit der Höhe nach, da die Höhe der zur Auszahlungen gelangenden Pensionszahlungen wesentlich bestimmt wird durch den Zeitpunkt des Ablebens des Versorgungsberechtigten und üblicherweise für unterschiedliche Arten von Versorgungsfällen auch unterschiedliche Leistungshöhen bspw. als Altersversorgung des Versorgungsberechtigten oder im Rahmen der Witwen- und Waisenversorgung oder der Invaliditätsversorgung vereinbart werden.

Da es sich bei Pensionsverpflichtungen um aufgeschobene Entgelte für Arbeitsleistungen handelt, gerät der Arbeitgeber in einen Erfüllungsrückstand, der als bilanzielle Schuld zu berücksichtigen ist. Dieser Erfüllungsrückstand baut sich sukzessive über die Dienstzeit des Arbeitnehmers auf. Somit ist der Schuldposten ratierlich anzusammeln, bis er den Barwert aller voraussichtlichen Pensionszahlungen bei Eintritt des Versorgungsfalles erreicht hat. Die Notwendigkeit einer Barwertbetrachtung, also die Abzinsung der voraussichtlichen Pensionszahlungen, ergibt sich aus dem den Pensionsverpflichtungen innewohnenden Kreditgeschäft zwischen Arbeitgeber und Arbeitnehmer,

---

[12] Vgl. *Hauser, H./Meurer, J.* (1998), S. 269; *Schön, W.* (1997), S. 142-145.

da die künftigen Pensionszahlungen im Rahmen des arbeitsvertraglichen Synallagmas an die Stelle entsprechend höherer laufender Lohn- und Gehaltszahlungen treten.[13]

Aufgrund der bestehenden Unsicherheit über die künftigen Pensionszahlungen dem Grunde und der Höhe nach erfolgt die bilanzielle Berücksichtigung des Schuldpostens in Form einer Rückstellung und nicht als Verbindlichkeit. Aufgrund der zu berücksichtigenden biometrischen Wahrscheinlichkeiten wie Lebenserwartung, Invaliditätsrisiko, Ausscheiden aus dem Unternehmen und des Vorhandenseins von versorgungsberechtigten Hinterbliebenen ist die Rückstellung nach versicherungsmathematischen Grundsätzen zu bewerten.

2.4 Unterschiede zwischen der Bilanzierung von Pensionsverpflichtungen nach HGB und IFRS

2.4.1 Ansatzvorschriften

Laufende Pensionen und Anwartschaften auf Pensionen gehören zu den ungewissen Verbindlichkeiten, für die nach § 249 Abs. 1 Satz 1 HGB eine Rückstellungspflicht besteht. Die Sondervorschrift des Art. 28 EGHGB führt jedoch dazu, dass im deutschen Handelsrecht eine lediglich eingeschränkte Passivierungspflicht für Pensionsverpflichtungen gegeben ist. Art. 28 Abs. 1 EGHGB sieht eine Pflicht zur Passivierung einer Rückstellung ausschließlich für unmittelbare Zusagen vor, bei denen der Pensionsberechtigte seinen Versorgungsanspruch nach dem 31.12.1986 erworben hat (sog. unmittelbare Neuzusagen). Für unmittelbare Altzusagen (Erwerb des Versorgungsanspruchs vor dem 01.01.1987) und deren Erhöhung nach dem 31.12.1986 sowie für mittelbare Verpflichtungen besteht ein Passivierungswahlrecht. Kapitalgesellschaften haben bei Ausübung dieses Wahlrechts die nicht passivierten Beträge im Anhang anzugeben. Im IFRS-Abschluss besteht für Pensionsverpflichtungen eine generelle Ansatzpflicht unabhängig vom Zeitpunkt der Erteilung der Pensionszusage.[14]

---

[13]   Vgl. *Naumann K.-P.* (1993), S. 288.
[14]   Vgl. IAS 19.44 (a) und 19.52.

2.4.2 Bewertungsvorschriften

2.4.2.1 Bewertungsgrundsätze

Nach den handelsrechtlichen Bewertungsvorschriften des § 253 Abs. 1 Satz 2 HGB sind Rentenverpflichtungen, für die eine Gegenleistung nicht mehr zu erwarten ist, zu ihrem Barwert, d.h. dem abgezinsten Betrag der zukünftig wahrscheinlich zu erbringenden Pensionsleistungen und Verpflichtungen aus laufenden Dienstverhältnissen mit einem Rückstellungsbetrag nur in der Höhe anzusetzen, der nach vernünftiger kaufmännischer Beurteilung notwendig ist. Als Maßstab für die vernünftige kaufmännischer Beurteilung dient die sachgerechte Ansammlung der Mittel über die Aktivitätsperiode des einzelnen Anwärters, da in diesem Zeitraum die Pensionsansprüche erdient werden. Für die zeitliche Verteilung der Mittelansammlung kommen unterschiedliche versicherungsmathematische Verfahren in Betracht.

Diese wenig greifbaren handelsrechtlichen Bewertungsvorschriften werden zwar insbesondere durch die Stellungnahme HFA 2/1988: Pensionsverpflichtungen im Jahresabschluss konkretisiert. Dennoch wird durch die sehr allgemein gehaltenen Anforderungen an die handelsrechtliche Bewertung von Pensionsrückstellungen eine erhebliche Bandbreite von Wertansätzen zugelassen. In der Praxis erfolgt im HGB-Abschluss häufig eine Bewertung nach § 6a EStG, die für Zwecke der steuerlichen Gewinnermittlung zwingend vorgegeben ist. Die Bewertung nach § 6a EStG markiert nach herrschender Meinung im Schrifttum das untere Ende der nach § 253 Abs. 1 Satz 2 HGB zulässigen Bandbreite[15]. Werden Pensionsrückstellungen nach den steuerlichen Regelungen unter Anwendung des Teilwertverfahrens mit einem Rechnungszins von 6% angesetzt, ist nach Auffassung des HFA[16] im Prüfungsbericht in diesem Zusammenhang auch darauf einzugehen, dass der Rückstellungsbetrag angesichts des derzeitigen Marktzinssatzes an der Untergrenze des nach den Grundsätzen ordnungsmäßiger Buchführung Vertretbaren liegt.

Schulze-Osterloh zieht in einem Kommentar zu einem BFH-Urteil[17] über die Bilanzierung von Rückdeckungsansprüchen im Zusammenhang mit Pensionsverpflichtungen die

---

[15] Vgl. beispielsweise *Ellrott, H./Riehl, R.* (2006), § 249 HGB Anm. 197; *Baetge, J./Kirsch, H.-J./Thiele, S.* (2005), S. 435; HFA 2/1988, Abschnitt 4.
[16] Vgl. *HFA (Hrsg.)* (2006), S. 96.
[17] Vgl. BFH-Urt. vom 25.2.2004 I R 54/02.

Schlussfolgerung, dass selbst der BFH nunmehr einräume, dass nach § 6a EStG bewertete Pensionsrückstellungen die tatsächliche wirtschaftliche Belastung des Unternehmens nicht zutreffend widerspiegelten und ein handelsrechtlicher Jahresabschluss, in dem die Pensionsrückstellungen gleichwohl nach § 6a EStG bewertet wurden, nach § 256 Abs. 5 AktG wegen Überbewertung nichtig sein könne.[18]

IAS 19 sieht detaillierte Einzelregelungen mit dem Ziel vor, eine sachgerechte Verteilung des Pensionsaufwandes über die Dienstzeit zu erreichen. Die Aufwandsallokation hat sich dabei gemäß dem „matching principle" an der Erbringung der Arbeitsleistung zu orientieren. Die Pensionsrückstellungen sind zum Barwert der erdienten Pensionsverpflichtungen vermindert um das zum beizulegenden Zeitwert bewertete Planvermögen anzusetzen.[19] Der HFA erachtet es als nicht notwendig, dass der Abschlussprüfer Einwendungen erhebt, falls in einem handelsrechtlichen Abschluss Pensionsverpflichtungen in Übereinstimmung mit IAS 19 bewertet werden und der ermittelte Wert innerhalb der nach der Stellungnahme HFA 2/1988 zulässigen Bandbreite liegt.[20] Der HFA begründet seine Auffassung mit praktischen Erfahrungen, die gezeigt haben, dass eine Bewertung von Pensionsverpflichtungen nach IAS 19 in der Regel die wirtschaftliche Belastung des Unternehmens zutreffender wiedergibt als die auch handelsrechtlich zu akzeptierende Bewertung nach § 6a EStG, auch wenn Bedenken gegen bestimmte Komponenten einer Bewertung nach IAS 19 bestehen.

2.4.2.2 Ansammlungsmodus

Die Versicherungsmathematik stellt für die Berechnung von Pensionsverpflichtungen verschiedene Bewertungsverfahren zur Verfügung. Im Handelsrecht erfolgt die ratierliche Ansammlung des Schuldpostens in der Regel nach dem für das Steuerrecht verbindlich vorgeschriebenen Teilwertverfahren gemäß § 6a EStG. Das Grundprinzip des Teilwertverfahrens besteht darin, den Versorgungsaufwand vor Zinseffekten gleichmäßig über die gesamte Dienstzeit vom Zeitpunkt des Diensteintritts bis zum voraussichtlichen Eintritt des Versorgungsfalls des Begünstigten zu verteilen. Das Teilwertverfahren zählt zur Gruppe der Gleichverteilungsverfahren, das die Pensionszusage als Leistungsversprechen sieht, das die gesamte Dienstzeit gleichmäßig honoriert. Nach Eintritt des

---

[18] Vgl. *Schulze-Osterloh, J.* (2004), S. 1561.
[19] Vgl. IAS 19.54; ausführlich *Feld, K.-P.* (2003), S. 581; *Seltenreich, S.* (2004), S. 266 ff.
[20] Vgl. *HFA (Hrsg.)* (1998), S. 292.

Pensionsfalls oder Ausscheiden des Begünstigten aus dem Unternehmen mit unverfallbarer Anwartschaft mündet der Teilwert in den Barwert der laufenden Versorgungsleistungen bzw. in den Barwert der unverfallbaren Anwartschaft ein.[21] Der Barwert der unverfallbaren Anwartschaft steigt bis zum Eintritt des Versorgungsfalls noch auf den Barwert der laufenden Pension an. Die sich aus dem Teilwertverfahren ergebende jährliche Zuführung zu der Pensionsrückstellung ist der gleich bleibende Betrag, den der Arbeitgeber jedes Jahr sparen müsste, um bei Eintritt des Versorgungsfalls ein Kapital in Höhe des Barwerts der Pensionszahlung erreicht zu haben.

Nach IAS 19.64 dürfen die zum Bilanzstichtag erdienten Pensionsansprüche ausschließlich nach dem Anwartschaftsbarwertverfahren (projected unit credit method) ermittelt werden. Andere versicherungsmathematische Verfahren, insbesondere auch das Teilwertverfahren, sind anders als noch nach IAS 19 in der Fassung von 1993 nicht mehr zulässig.[22] Im Unterschied zum Teilwertverfahren erfolgt beim Anwartschaftsbarwertverfahren keine Aufwandgleichverteilung über die Dienstzeit. Vielmehr wird eine Einzelbewertung jedes einzelnen Teilanspruchs vorgenommen, der in einer abgelaufenen Periode erworben wurde. Das Anwartschaftsbarwertverfahren beantwortet die Frage, welchen Leistungsanspruch der Arbeitnehmer unter Berücksichtigung von Trendannahmen für die relevanten Größen zum Bilanzstichtag erdient hat. Berechtigen Arbeitsleistungen späterer Dienstjahre im Vergleich zu Arbeitsleistungen früherer Dienstjahre zu wesentlich höheren Versorgungsleistungen (backloading) sind die insgesamt zu erdienenden Versorgungsleistungen den einzelnen Perioden gleichmäßig zuzuordnen.[23]

2.4.2.3 Abzinsungsfaktor

Nach der HFA-Stellungnahme 2/1988 ist der nach dem Teilwertverfahren nach § 6a EStG mit einem konstanten Rechnungszins von 6% ermittelte Wert für voll- bzw. teildynamische Verpflichtungen als Minimalwert im handelsrechtlichen Abschluss anzusehen.[24] Änderungen des Marktzinssatzes wirken sich nicht auf die Rückstellungshöhe aus.

---

[21] Vgl. *Ellrott, H./Riehl, R.* (2006), § 249 HGB Anm. 211.
[22] Zu Unterschieden der einzelnen Verfahren vgl. *Feld, K.-P.* (2003), S. 578 m.w.N.
[23] Vgl. IAS 19.67.
[24] Zur Hinweispflicht des Abschlussprüfers im Prüfungsbericht, dass der Rückstellungsbetrag angesichts des derzeitigen Marktzinssatzes an der Untergrenze des nach den Grundsätzen ordnungsmäßiger Buchführung Vertretbaren liegt, vgl. *HFA (Hrsg.)* (2006), S. 96; siehe dazu auch *Bertram, K.* (2006), S. 351.

Nach IAS 19.78 ist der Rechnungszinssatz auf Grundlage der Renditen zu bestimmen, die am Bilanzstichtag für erstrangige festverzinsliche Industrieanleihen am Markt erzielt werden. Existiert kein liquider Markt für solche Anleihen, ist hilfsweise die Marktrendite von Regierungsanleihen heranzuziehen. Währung und Laufzeiten der zugrunde gelegten Anleihen haben mit der Währung und den voraussichtlichen Fristigkeiten der nach Beendigung der Arbeitsverhältnisse zu erfüllenden Verpflichtungen übereinzustimmen.[25] Bonitätsrisiken des zusagenden Unternehmens bleiben unberücksichtigt. Die fortlaufende Anpassung des Rechnungszinssatzes an die Marktentwicklung bewirkt, dass die Versorgungsverpflichtungen unter Fair Value-Gesichtspunkten bewertet werden und dass sie erheblichen Schwankungen unterliegen. Die Literatur geht davon aus, dass eine Verminderung des Rechnungszinses um 0,5 bis 0,6% eine Erhöhung des Rückstellungsbetrages zwischen 6 bis 10% bewirkt.[26] Die immense Hebelwirkung, die durch den Abzinsungsfaktor entsteht, lässt sich auch an Hand von Beispielrechnungen aufzeigen; so bewirkt bei dreißigjähriger Laufzeit eine Abzinsung mit einem Faktor von 2% im Vergleich zu 6% ca. eine Vervierfachung des Rückstellungsbetrages.

In der *basis for conclusions*[27] setzt sich der IASB mit der Frage auseinander, ob an Stelle des Marktzinssatzes nicht auch auf die Unternehmensrendite, also die Verzinsung des Planvermögens als Rechnungszinssatz abgestellt werden könnte. Der IASB lehnt dies ab, da die Höhe der Verpflichtung aus der Pensionszusage nicht von der Rendite der Anlagen zur Erfüllung der Verpflichtung abhängig sein kann. Würde man dies anders sehen, hätte dies zur Konsequenz, dass die ausgewiesene Verpflichtung umso niedriger wäre, je höher die interne Rendite des Unternehmens wäre, was letztlich mit einem erhöhten Anlagerisiko einhergehen würde. Die Bewertung der Pensionsverpflichtung muss also unabhängig sein von der Anlage auf der Aktivseite zur Erfüllung der Verpflichtungen.

---

[25] Die durchschnittliche, auf die Stichtagsverpflichtung bezogene Laufzeit liegt bei den DAX-Konzernen bei ca. 12 bis 15 Jahren. Die Rendite für entsprechende in Euro notierte AA-Anleihen lag zum 31.12.2004 zwischen 4,75% und 5%; vgl. *Rhiel, R./Stieglitz, R.* (2005), S. 2201. Ende 2005 liegt der als Rechnungszinssatz in Betracht kommende Kapitalmarktzins bei ca. 4,25%; vgl. *Gohdes, A. E./Baach, E.* (2005), S. 2740.

[26] Vgl. *Höfer, R./Früh, H. G.* (2005), S. 2428; ähnlich *Gohdes, A. E./Baach, E.*, (2005), S. 2737-2740.

[27] IAS 19.BC26.

2.4.2.4 Behandlung versicherungsmathematischer Gewinne und Verluste

Die Diskontierung der Pensionsverpflichtungen zum aktuellen Marktzinssatz führt zu einer hohen Volatilität des Barwerts der Pensionsverpflichtungen zum jeweiligen Bilanzstichtag. Die Änderungen des Verpflichtungsumfangs, die auf eine Anpassung des Rechnungszinssatzes an die Marktentwicklung zurückzuführen sind, sind wesentlicher Bestandteil der sog. versicherungsmathematischen Gewinne und Verluste. Diese umfassen insgesamt die Änderungen des Barwerts der leistungsorientierten Verpflichtungen und des Fair Value des Planvermögens zum Bilanzstichtag, die entweder auf Abweichungen zwischen den zu Beginn des Geschäftsjahres zugrunde gelegten Annahmen und den tatsächlichen Entwicklungen oder auf eine Anpassung der versicherungsmathematischen Annahmen zurückzuführen sind.[28] Diese Divergenzen ergeben sich aus der dem deutschen Handelsrecht fremden aufwandsbezogenen Sichtweise nach IAS 19, wonach im Hinblick auf die Aufwandserfassung im Geschäftsjahr nicht tatsächliche, sondern geplante Werte zugrunde gelegt werden. Am Jahresanfang werden die versicherungsmathematischen Annahmen getroffen und der Anlageertrag aus den investierten Vermögenswerten geschätzt. Aus diesen geplanten Werten ergibt sich der Aufwand des Geschäftsjahres bereits zu Jahresbeginn, so dass Aufwandsüberraschungen ausbleiben. Die Differenz zwischen diesen Planwerten und den aufgrund der tatsächlichen Wertentwicklung zum Bilanzstichtag ermittelten Ist-Werten ist als versicherungsmathematischer Gewinn bzw. Verlust des Geschäftsjahres zu erfassen.

Zur Erfassung der versicherungsmathematischen Gewinne und Verluste bestehen drei Alternativen:

- die Korridor-Methode (IAS 19.92 f.)

- die sog. Mehrverrechnung (IAS 19.93, 19.95)

- die erfolgsneutrale Verrechnung oder auch SORIE-Methode[29] (IAS 19.93A).

Nach der Korridor-Methode werden die am Ende eines Geschäftsjahres angesammelten versicherungsmathematischen Gewinne und Verluste nur insofern in nachfolgenden Geschäftsjahren erfolgswirksam erfasst, als sie betragsmäßig entweder 10% des Ver-

---

[28] Vgl. IAS 19.7.
[29] Statement of Recognised Income and Expense.

pflichtungsumfangs oder 10% des Planvermögens zum Ende der Vorperiode übersteigen (sog. 10%-Korridor). Der übersteigende Betrag ist mindestens über die erwartete Restlebensarbeitszeit der vom Versorgungsplan erfassten Arbeitnehmer linear zu verteilen. Vor Einführung der sog. erfolgsneutralen Verrechnung im Jahr 2004 war die Korridor-Methode am weitesten verbreitet.[30] *Gohdes* schätzt, dass sich maßgeblich aufgrund der Anwendung der Korridor-Methode die wirtschaftliche Bedeutung der nicht in IFRS-Abschlüssen bilanzierten versicherungsmathematischen Gewinne und Verluste bei deutschen Unternehmen auf derzeit schätzungsweise über 200 Milliarden Euro beläuft.[31] Die kumulierten nicht erfolgswirksam erfassten versicherungsmathematischen Gewinne und Verluste sind zwar in einer Nebenrechnung festzuhalten und im Anhang sind Angaben zum Barwert aller Pensionsverpflichtungen sowie zu den noch nicht erfassten versicherungsmathematischen Gewinnen und Verlusten zu machen. Gleichwohl hat diese Möglichkeit des Herausrechnens der versicherungsmathematischen Gewinne und Verluste aus der Pensionsverpflichtung zu erheblicher Kritik an der Korridor-Methode geführt.[32]

Alternativ zur Korridor-Methode kann eine erfolgswirksame Erfassung der versicherungsmathematischen Gewinne und Verluste nach einem systematischen Verfahren auch schneller erfolgen, z.B. durch Verrechnung von Beträgen innerhalb des Korridors oder durch eine vollständige Erfassung.[33] Das gewählte Verfahren ist allerdings stetig anzuwenden. Eine imparitätische Behandlung, indem Gewinne sofort realisiert, Verluste aber gestreckt werden, ist nach IAS 19.93 nicht zulässig.

Nach der im Jahr 2004 eingeführten erfolgsneutralen Verrechnung können die versicherungsmathematischen Gewinne und Verluste auch erfolgsneutral mit dem Eigenkapital verrechnet werden. Das Wahlrecht ist für alle Versorgungspläne und sämtliche Gewinne und Verluste anzuwenden, d.h. es darf kein „Rosinenpicken" geben. Nach dieser Methode werden versicherungsmathematische Gewinne und Verluste nie in der Gewinn- und Verlustrechnung, sondern direkt in den Gewinnrücklagen erfasst. Ein sog. Recycling, d.h. die nachträgliche GuV-Abbildung von zuvor erfolgsneutral behandelten

---

[30] Vgl. z.B. *Theile, C.* (2006), S. 18 mit statistischen Angaben zu den IFRS-Abschlüssen deutscher Unternehmen für das Geschäftsjahr 2003.
[31] Vgl. *Gohdes, A. E.* (2006), S. 991.
[32] Vgl. *Schildbach, T.* (2002), S. 270. *Schildbach* spricht von „schwarzen Konten".
[33] *Küting/Keßler* zeigen sechs unterschiedliche Wege auf; vgl. *Küting, K./Keßler, M.* (2006), S. 200.

Beträgen ist gemäß IAS 19.93D unzulässig. Die im Eigenkapital erfolgsneutral erfassten Beträge sind in einer besonderen und gesonderten „Aufstellung der erfassten Erträge und Aufwendungen" (Statement of Recognised Income and Expense – SORIE) darzustellen (IAS 19.93B).

Durch die bestehenden Wahlrechte zur Behandlung versicherungsmathematischer Gewinne und Verluste wird die Vergleichbarkeit von Jahresabschlüssen auf internationaler Ebene nicht gerade erleichtert. Dies hat schon zu erheblicher Kritik der Bilanzanalysten geführt.[34]

2.4.2.5 Berücksichtigung von Gehaltstrends

Nach der HFA-Stellungnahme 2/1988 sind in Einklang mit der steuerlichen Regelung des § 6a Abs. 3 Satz 2, zweiter Halbsatz EStG künftige Pensionsleistungen mit dem Betrag anzusetzen, der sich nach den Verhältnissen am Bilanzstichtag ergibt. Bereits vereinbarte Lohn- und Gehaltssteigerungen zum Bilanzstichtag müssen berücksichtigt werden. Nach herrschender Meinung verbietet das handelsrechtliche Stichtagsprinzip die Berücksichtigung einer karrierebedingten Gehaltsentwicklung. Unter der Bedingung, dass die Abzinsung mit einem Nominalzinssatz erfolgt, der gegenüber dem Realzinssatz um Preissteigerungseffekte erhöht ist, kann auch die Einbeziehung zukünftiger inflationsbedingter Gehaltstrends in die Rückstellungsbewertung gerechtfertigt werden.[35]

Nach IAS 19.83 sind bei der Bewertung von Pensionsverpflichtungen erwartete künftige Gehaltssteigerungen zwingend zu berücksichtigen. Bei der Schätzung künftiger Gehaltssteigerungen werden gemäß IAS 19.84 u.a. Inflation, Dauer der Zugehörigkeit zum Unternehmen, Beförderung und andere relevante Faktoren wie Angebots- und Nachfragestruktur auf dem Arbeitsmarkt berücksichtigt.

---

[34] Vgl. *Gohdes, A. E.* (2006), S. 992.
[35] Vgl. *IDW (Hrsg.)* (1998), S. 59. Nach *Feld* kann im Einklang mit der HFA-Stellungnahme 2/1988 die Berücksichtigung zukünftiger Gehaltstrends entweder über einen entsprechend geminderten Rechnungszins von unter 6% oder explizit in Ansatz gebracht werden; vgl. *Feld, K.-P.* (2003), S. 578.

2.4.2.6 Berücksichtigung der Fluktuation

Zum pauschalen Ausgleich der Mitarbeiterfluktuation finden nach § 6a EStG geleistete Dienstzeiten vor dem 30. Lebensjahr bzw. bei Neuzusagen nach dem 31.12.2000 vor dem 28. Lebensjahr[36] keine Berücksichtigung.

Nach IAS 19.73 sind Fluktuationsraten im Rahmen der versicherungsmathematischen Annahmen zu berücksichtigen.

2.5 Auswirkung der Bilanzierungsunterschiede zwischen HGB und IAS 19 auf die Darstellung der wirtschaftlichen Lage

Die Bilanzierung von Pensionsrückstellungen nach HGB und IAS 19 basiert auf einem gemeinsamen Grundkonzept: Zwischen Zusage und Eintritt des Versorgungsfalles sind Pensionsverpflichtungen durch einen ratierlich aufzubauenden Schuldposten im Rahmen einer Barwertbetrachtung unter Berücksichtigung biometrischer Wahrscheinlichkeiten zu erfassen. In der Ausfüllung des Grundkonzepts ergeben sich jedoch teilweise erhebliche Unterschiede. Aufgrund des Passivierungswahlrechts nach Art. 28 Abs. 1 EGHGB und den Bewertungsvorgaben des § 6a EStG wird die tatsächliche wirtschaftliche Belastung der Unternehmen aus Pensionsverpflichtungen in einem HGB-Abschluss nicht zutreffend widergespiegelt. Diese Einschränkung in der Darstellung der Vermögens- und Finanzlage ist maßgeblich durch den zur Abzinsung verwendeten konstanten Rechnungszins von 6% verursacht, der bereits seit einigen Jahren deutlich über der laufzeitadäquaten Kapitalmarktrendite liegt. Auch die Nichtberücksichtigung künftiger Gehalts- und Rentensteigerungen bei Versorgungsleistungen, die dynamisiert sind, trägt dazu bei, dass für die Rückstellungsbewertung eine Versorgungshöhe unterstellt wird, die im Regelfall deutlich unter dem tatsächlich zu erwartenden Niveau liegt. Auch bei bestimmten versicherungsmathematischen Faktoren, etwa bei der Berücksichtigung der Fluktuation von Beschäftigten, abstrahiert die steuerliche Regelung von realistischen Erwartungsgrößen. Da die künftigen Pensionsleistungen im handelsrechtlichen Abschluss mit dem Betrag anzusetzen sind, der sich nach den Verhältnissen am Bilanzstichtag ergibt und sich Änderungen in der Rückstellungsbewertung unmittelbar in der

---

[36] Vgl. § 6a Abs. 3 Satz 6 i.V.m. § 52 Abs. 16b EStG.

GuV niederschlagen, spiegelt die Ertragslage auch die Veränderung der Vermögenslage im handelsrechtlichen Abschluss kongruent wider.

Eine Bewertung von Pensionsverpflichtungen nach IAS 19 gibt in der Regel die wirtschaftliche Belastung und damit die Vermögens- und Finanzlage des Unternehmens zutreffender wider als die auch handelsrechtlich zu akzeptierende Bewertung nach § 6a EStG. Zudem besteht nach IAS 19 eine generelle Passivierungspflicht für Pensionsverpflichtungen und kein partielles Passivierungswahlrecht wie nach Art. 28 Abs. 1 EGHGB. Die zutreffendere Darstellung der wirtschaftlichen Belastung des Unternehmens geht jedoch einher mit Einschränkungen in der Darstellung der Ertragslage, aufgrund der nach IAS 19 vorgegebenen Wahlrechte zur Behandlung versicherungsmathematischer Gewinne und Verluste. Insbesondere das Wahlrecht nach IAS 19.93A versicherungsmathematische Gewinne und Verluste erfolgsneutral gegen Gewinnrücklagen zu buchen, schränkt die Vergleichbarkeit von Jahresabschlüssen ein und ist daher auf Kritik gestoßen. *Küting/Keßler* unterstellen, dass Unternehmen künftig die Tendenz haben dürften, ihre Erträge aus dem Planvermögen zum Jahresbeginn möglichst hoch und den Verpflichtungsumfang aus den Pensionszusagen möglichst niedrig zu schätzen, da dadurch der Jahresüberschuss steigt und die Korrektur dieser zu optimistischen Schätzung erfolgsneutral erfolgt.[37] Entscheidet sich ein Unternehmen hingegen für die erfolgswirksame Verbuchung von versicherungsmathematischen Gewinnen und Verlusten führt die damit verbundene hohe Ergebnisvolatilität, die auf nicht operative Ursachen wie z.B. die Änderung des Rechnungszinssatzes zurückzuführen ist, ebenfalls zu einer Beeinträchtigung der Darstellung der Ertragslage. Die Anwendung des Korridor-Ansatzes vermeidet zwar die Volatilität der dargestellten Ertragslage, beeinträchtigt allerdings die Darstellung der Vermögenslage. IAS 19.120 stellt zwar durch umfangreiche Angabeverpflichtungen sicher, dass der volle Verpflichtungsumfang sowie sämtliche Parameter zu veröffentlichen sind, mit deren Hilfe dem kundigen Bilanzleser das volle Ausmaß einer ggf. vorliegenden bilanziellen Unterdeckung erschließbar ist.[38] Durch die Wahlrechte zur Behandlung versicherungsmathematischer Gewinne und Verluste ist die Abbildung und Erläuterung von Pensionsverpflichtungen im IFRS-Abschluss aber sehr komplex. Viele Informationen sind nur noch im Anhang und nicht mehr aus der Bilanz und der GuV zu entnehmen.[39] Durch die unterschiedlichen Alter-

---

[37] Vgl. *Küting, K./Keßler, M.* (2006), S. 205.
[38] Vgl. ausführlich zu den erforderlichen Anhangangaben *Rhiel, R.* (2005), S. 296 f.
[39] Kritisch *Küting, K./Keßler, M.* (2006), S. 205.

nativen zur Erfassung versicherungsmathematischer Gewinne und Verluste im IFRS-Abschluss eröffnen sich auch zahlreiche bilanzpolitische Möglichkeiten.[40]

3 Vorschlag des IDW für ein neues Bewertungskonzept bei Pensionsrückstellungen

Das IDW hat in seiner Presseinformation 1/2006[41] Eckpunkte eines neuen Bewertungskonzepts vorgeschlagen mit dem Ziel, zu deutschen Bilanzierungsregeln zu gelangen, die zu einer betriebswirtschaftlich angemessenen Rückstellungshöhe führen. Das Konzept orientiert sich an IAS 19 und ist durch folgende Eckpunkte gekennzeichnet:

- Die Ansammlung der Rückstellung sollte nach dem Anwartschaftsbarwertverfahren statt nach dem bisher in Deutschland vorherrschenden Teilwertverfahren erfolgen. Hierdurch spiegelt die Rückstellung die bis zum Bewertungsstichtag kumulierten, vom Arbeitnehmer erdienten (Teil-)Versorgungsansprüche wider.

- Auf die gesetzliche Vorgabe eines fixen Rechnungszinssatzes von 6% (§ 6a Abs. 3 Satz 3 EStG) – der im Übrigen seit geraumer Zeit deutlich über den Marktzinssätzen liegt und damit erheblich zur Unterbewertung von Pensionsrückstellungen beiträgt – sollte verzichtet werden. Stattdessen sollte der Rechnungszinssatz aus den Kapitalmarktverhältnissen abgeleitet werden. Zur Vermeidung übermäßiger Ergebnisschwankungen käme in Betracht, als Rechnungszinssatz den langjährigen Durchschnitt (z.B. über zehn Jahre) des Marktzinssatzes heranzuziehen. Der der Durchschnittsermittlung zugrunde liegende Zeitraum wäre zu jedem Bewertungsstichtag zu aktualisieren. Um Praktikabilität und Objektivierungsgesichtspunkten Rechnung zu tragen, obläge der Bundesbank die jährliche Feststellung des danach anzuwendenden Rechnungszinssatzes.

- Inflationsbedingte künftige Erhöhungen von Gehältern und Versorgungsleistungen sollten Berücksichtigung finden. Gewährleistet werden kann dies, indem der ermittelte Durchschnittszinssatz um einen Inflationsabschlag vermindert und damit von einem Nominal- auf einen Realzins übergeleitet wird. Damit erübrigt sich eine ex-

---

[40] Vgl. z.B. Theile, C. (2006), S. 21.
[41] IDW (Hrsg.) (2006).

plizite Schätzung der künftigen inflationsbedingten Anpassungen von Löhnen und Gehältern sowie der Versorgungsleistungen. Eine darüber hinausgehende Berücksichtigung karrierebedingter Lohn- und Gehaltssteigerungen wird nicht vorgesehen, da sie zum Bilanzstichtag noch nicht wirtschaftlich verursachte Ereignisse darstellen.

- Zu jedem Stichtag muss die Bewertung auf Grundlage der letzten verfügbaren biometrischen Rechnungsgrundlagen erfolgen. Erhöhungen oder Verminderungen der Versorgungsverpflichtungen, die auf einer Änderung der biometrischen Rechnungsgrundlagen beruhen, sind unmittelbar und nicht lediglich ratierlich in der Rückstellung zu erfassen. Das Nachholverbot des § 6a Abs. 4 EStG ist zu streichen.

- Um sicherzustellen, dass der Übergang auf eine betriebswirtschaftlich angemessene Bilanzierung von Pensionsrückstellungen in fiskalisch verträglicher Weise und ohne hohe einmalige Ergebnisbelastungen für die Unternehmen erfolgt, sind Übergangsregelungen notwendig. Eine Möglichkeit wäre die Verteilung der zusätzlichen Rückstellungszuführungen über einen Zeitraum von 15 Jahren. Allerdings wäre der Fehlbetrag, um den die in der Bilanz ausgewiesene Rückstellung hinter dem Wert zurückbleibt, der sich nach den neuen Bewertungsregeln ergibt, im Anhang anzugeben. Den Abschlusslesern wird hierdurch verdeutlicht, in welcher Höhe ein bilanziell noch nicht berücksichtigtes Risiko aus Pensionszusagen besteht.

- Für Pensionsverpflichtungen aus Zusagen vor dem 01.01.1987 (Altzusagen) kann das Ansatzwahlrecht des Art. 28 EGHGB beibehalten werden. Verpflichtungen aus Altzusagen sind in vielen Fällen schon erfüllt oder anderweitig erloschen, so dass ein Verzicht auf eine nachträgliche Bilanzierung vertretbar erscheint.

Wünschenswert wäre eine Übernahme dieser Eckpunkte in die steuerliche Vorschrift des § 6a EStG. Gewährleisten die steuerlichen Regeln nicht, dass die Verpflichtung aus Versorgungszusagen der Unternehmen bilanziell in voller Höhe durch die Passivierung von Pensionsrückstellungen abgebildet werden, entzieht die Besteuerung eines Scheingewinns den Unternehmen Substanz, die zur Erfüllung der gegenüber den Arbeitnehmern eingegangenen Verpflichtungen erforderlich wäre. Wie Erfolg versprechend die Forderung nach einer realitätsgerechteren Bewertung von Pensionsrückstellungen im Steuerrecht wegen der damit verbundenen beträchtlichen Steuerausfälle ist, bleibt abzuwarten. Im Rahmen des für Herbst dieses Jahres angekündigten Referentenentwurfs eines Bilanzrechtsmodernisierungsgesetzes würde sich ebenfalls die Gelegenheit bieten, die Bewertungsvorgaben für Pensionsrückstellungen zu konkretisieren, um damit eine realitätsgerechtere Abbildung der wirtschaftlichen Lage der bilanzierenden Unternehmen im handelsrechtlichen Abschluss zu erreichen.

Literaturverzeichnis

Baetge, J./Kirsch H.-J./Thiele, S. (2005), Bilanzen, 8. Aufl., Düsseldorf 2005.

Baetge J./Thiele, S. (1997): Gesellschafterschutz versus Gläubigerschutz – Rechenschaft versus Kapitalerhaltung, in: Budde, W. D./Moxter, A./Offerhaus, K. (Hrsg.): Handelsbilanzen und Steuerbilanzen – Festschrift zum 70. Geburtstag von Heinrich Beisse, Düsseldorf 1997, S. 11-24.

Bertram, K. (2006): Einheitliche Bewertung von Pensionsrückstellungen in Handels- und Steuerbilanz?, in: Der Betrieb 2006, Heft 7, S. 350-352.

BFH (2004) v. 25.2.2005 I R 54/02 BStBl. 2004 II S. 654

Bundestag (Hrsg.) (2006a): Rechnungszinsfuß bei Pensionsrückstellungen, BT-DR 16/872, Berlin 2006.

Bundestag (Hrsg.) (2006b): Rechnungszinsfuß bei Pensionsrückstellungen, BT-Drs. 16/1091, Berlin 2006.

Ellrott, H./Rhiel, R. (2006): Kommentierung zu § 249 HGB, in: Ellrott, H./Förschle, G./Hoyos, M./Winkeljohann, N. (Hrsg.): Beck'scher Bilanz-Kommentar, 6. Aufl., München 2006.

Feld, K.-P. (2003): Die Bilanzierung von Pensionsrückstellungen nach HGB und IAS – Überblick über die wesentlichen Regelungen und Unterschiede unter Berücksichtigung von Abweichungen zwischen IAS und US-GAAP –, in: Die Wirtschaftsprüfung 2003, Heft 11, S. 573-586 und S. 638-648.

Gohdes, A. E./Baach, E. (2005): Rechnungszins und Inflationsrate für betriebliche Vorsorgeleistungen im internationalen Jahresabschluss zum 31.12.2005, in: Betriebs-Berater 2005, Heft 50, S. 2737-2740.

Gohdes, A. E. (2006): Bilanzierung versicherungsmathematischer Gewinne und Verluste: neue Ära in der internationalen Rechnungslegung von Pensionen, in: Betriebs-Berater 2006, Heft 18, S. 990-996.

Hauser, H./Meurer, J. (1998): Die Maßgeblichkeit der Handelsbilanz im Lichte neuer Entwicklungen, in: Die Wirtschaftsprüfung 1998, Heft 7, S. 269-280.

HFA (Hrsg.) (1998): Berichterstattung über die 161. und 162. Sitzung des HFA am 4.3.1998 und am 6./7.5.1998, Fachnachrichten des IDW 1998, Heft 7, S. 291-292.

HFA (Hrsg.) (2006): Berichterstattung über die 200. Sitzung des HFA am 8.12.2005, in: Fachnachrichten des IDW 2006, Heft 1-2, S. 95-96.

Höfer, R./Früh, H. G. (2005): Rechnungszins bei internationalen Bewertungen von Versorgungsverpflichtungen zum Jahresende 2005, in: Der Betrieb 2005, Heft 45, S. 2427-2429.

IDW (Hrsg.) (1998): Praktisch relevante Abweichungen zwischen den Rechnungslegungsstandards des IASC und der 4. und 7. EG-Richtlinie, in: Fachnachrichten des IDW 1998, Heft 3, S. 55-61.

IDW (Hrsg.) (2006): Presseinformation 1/2006 vom 16. Januar 2006: IDW für neues Bewertungskonzept bei Pensionsrückstellungen, URL: http://www.idw.de/Aktuelles (15.07.2006).

Küting, K./Keßler, M. (2006): Pensionsrückstellungen nach HGB und IFRS: Die Bilanzierung versicherungsmathematischer Gewinne und Verluste – Versuch einer bilanztheoretischen Erklärung der Neuregelungen des IAS 19 (rev. 2004), in: Zeitschrift für internationale und kapitalmarktorientierte Rechnungslegung 2006, Heft 3, S. 192-206.

Naumann, K.-P. (1993), Die Bewertung von Rückstellungen in der Einzelbilanz nach Handels- und Ertragsteuerrecht, 2. Aufl., Düsseldorf 1993.

Naumann, K.-P./Breker, N. (2003), Bewertungsprinzipien für die Rechnungslegung nach HGB, Bilanzsteuerrecht und IAS/IFRS, in: Wysocki, K. v./Schulze-Osterloh, J./Hennrichs, J./Kuhner, C. (Hrsg.): Handbuch des Jahresabschlusses (HdJ), Loseblattsammlung, Köln 1984/2005, Abt. I/7.

o. V. (2006a): In den Betriebsrenten droht eine Versorgungslücke – Institut der Wirtschaftsprüfer: Es fehlen mehr als 80 Milliarden Euro Pensionsrückstellungen, in: Frankfurter Allgemeine Zeitung 2006, Ausgabe vom 29.01.2006, S. 13.

o. V. (2006b): Pensionslast der DAX-Werte wächst – Verpflichtungen der Unternehmen steigen um 40 Milliarden Euro, in: Frankfurter Allgemeine Zeitung 2006, Ausgabe vom 26.04.2006, S. 25.

Rhiel, R. (2005): Pensionsverpflichtungen im IFRS-Abschluss – Die Neuerungen in IAS 19 vom Dezember 2004, in: Der Betrieb 2005, Heft 6, S. 293-297.

Rhiel, R./Stieglitz R. (2005): Praxis der Rechnungslegung für Pensionen nach IAS 19 und FAS 87, in: Der Betrieb 2005, Heft 41, S. 2201-2203.

Schön, W. (1997): Entwicklung und Perspektiven des Handelsbilanzrechts: Vom ADHGB zum IASC, in: Zeitschrift für das gesamte Handelsrecht und Wirtschaftsrecht 1997, S. 133-159.

Schulze-Osterloh, J. (2004): Kommentar zum BFH-Urteil: „Bilanzierung der Ansprüche aus der Rückdeckungsversicherung für eine Pensionsverpflichtung" vom 25.2.2004 – IR 54/02, in: Betriebs-Berater 2004, Heft 28/29, S. 1561.

Schildbach, T. (2002): IAS als Rechnungslegungsstandard für alle, in: Betriebswirtschaftliche Forschung und Praxis, Heft 3, S. 263-278.

Seltenreich, S. (2004): Pensionsrückstellungen nach IAS 19 und Gestaltungsmöglichkeiten, in: Betrieb und Wirtschaft 2004, Heft 7, S. 265-272.

Theile, C. (2006): Pensionsverpflichtungen: Erfolgsneutrale Verrechnung versicherungsmathematischer Gewinne und Verluste – Vor- und Nachteile eines neuen Wahlrechts –, in: Praxis der internationalen Rechnungslegung 2006, Heft 2, S. 17-21.

Professor Dr. Annette G. Köhler, M.A.

Jahrgang 1967. 1993 Abschluss des Studiums der Wirtschafts- und Sozialwissenschaften an der Universität Augsburg als Diplom-Ökonomin. 1993-1997 Wissenschaftliche Referentin. 1996 Promotion zum Dr. rer. pol. an der Universität zu Köln. 1998-2003 Wissenschaftliche Assistentin von Professor Dr. Kai-Uwe Marten an den Universitäten Wuppertal und Ulm. 2003 Habilitation an der Universität Ulm. 2004-2005 Inhaberin des Lehrstuhls für Rechnungswesen, Wirtschaftsprüfung und Controlling an der Handelshochschule Leipzig (HHL). Seit 2005 Inhaberin des Lehrstuhls für Rechnungswesen, Wirtschaftsprüfung und Controlling an der Universität Duisburg-Essen. Leiterin der Geschäftsstelle des European Auditing Research Network (EARNet).

Professor Dr. Kai-Uwe Marten

Jahrgang 1962. 1984-1989 Studium der Betriebswirtschaftslehre an der Universität Augsburg und Abschluss als Diplom-Ökonom. 1994 Promotion zum Dr. rer. pol. und 1998 Habilitation bei Professor Dr. Dres. h.c. Adolf G. Coenenberg an der Universität Augsburg. 1997-1998 Vertreter des Lehrstuhls für Rechnungslegung und Wirtschaftsprüfung an der TU Berlin. 1998-2003 Inhaber des Lehrstuhls für Betriebswirtschaftslehre, insbesondere Rechnungswesen und Wirtschaftsprüfung an der Universität Wuppertal. Seit 2004 Inhaber des Lehrstuhls für Rechnungswesen und Wirtschaftsprüfung an der Universität Ulm. Berufenes Mitglied und stellvertretender Vorsitzender der Abschlussprüferaufsichtskommission, Berlin. Berufenes Mitglied und Leiter des Arbeitskreises „Externe und Interne Überwachung der Unternehmung" der Schmalenbach-Gesellschaft für Betriebswirtschaft e.V.

Professor Dr. Dr. h.c. Jörg Baetge

Jahrgang 1937. 1959-1964 Studium der Betriebswirtschaftslehre an den Universitäten Frankfurt am Main, Münster sowie Philadelphia; Abschluss als Diplom-Kaufmann. 1968 Promotion zum Dr. rer. pol. und 1972 Habilitation. 1972-2002 ordentlicher Professor für Betriebswirtschaftslehre an den Universitäten Frankfurt am Main, Wien und Münster. Direktor des Instituts für Revisionswesen (IRW) an der Westfälischen Wilhelms-Universität Münster von 1972 bis 2002. Emeritierung im August 2002. Mitglied des Vorstands und Mitbegründer des Münsteraner Gesprächskreises Rechnungslegung und Prüfung e.V. Mitglied in zwei Arbeitskreisen der Schmalenbach-Gesellschaft für Betriebswirtschaft e.V. sowie in zwei Ausschüssen des Vereins für Socialpolitik. Mitglied des HFA des IDW von 1997 bis 2001. Vormals Mitglied des Verwaltungsrates und des Arbeitskreises Konzernrechnungslegung des Deutschen Rechnungslegungs Standards Committee (DRSC).

Mag. Daniela Maresch

Jahrgang 1979. 2003 Abschluss des Studiums der Handelswissenschaften an der Wirtschaftsuniversität Wien. Seit 2004 wissenschaftliche Mitarbeiterin von Professor Dr. Romuald Bertl am Institut für Unternehmensrechnung und Revision der Wirtschaftsuniversität Wien. 2006 Forschungsaufenthalt bei Professor. Dr. Dr. h.c. Jörg Baetge an der Westfälischen Wilhelms-Universität Münster.

WP/StB Dr. Thomas Senger

Jahrgang 1965. 1985-1990 Studium der Betriebswirtschaftslehre an der Universität zu Köln und Abschluss als Diplom-Kaufmann. Seit 1991 tätig bei Warth & Klein GmbH Wirtschaftsprüfungsgesellschaft, Düsseldorf. 1995 Bestellung zum Steuerberater. 1996 Promotion zum Dr. rer. pol. bei Professor Dr. Norbert Herzig an der Universität zu Köln. 1997 Bestellung zum Wirtschaftsprüfer. 2000 Bestellung zum Geschäftsführer der Warth & Klein GmbH Wirtschaftsprüfungsgesellschaft, Düsseldorf; seit 2006 Geschäftsführender Gesellschafter. Berufenes Mitglied im Arbeitskreis Konzernrechnungslegung und im Arbeitskreis Internationale Rechnungslegung des IDW.

Dr. h.c. Edgar Meister

Jahrgang 1940. 1961-1966 juristisches Studium in Marburg/Lahn. 1969 zweites juristisches Staatsexamen des Landes Hessen. 1970-1980 Mitarbeiter der Bank für Gemeinwirtschaft AG, Frankfurt am Main. Von 1980 bis 1991 Mitglied des Vorstands der Deutschen Pfandbriefanstalt, Wiesbaden. 1991-1993 Minister der Finanzen in Rheinland-Pfalz. 1993-2002 Mitglied des Direktoriums der Deutschen Bundesbank, zuständig für das Dezernat Banken, Mindestreserven, Hauptkasse. Seit Oktober 1998 Vorsitzender des Banking Supervision Committees des Europäischen Systems der Zentralbanken (ESZB). Mitglied des Vorstandes der Deutschen Bundesbank seit Mai 2002, zuständig für den Bereich Banken und Finanzaufsicht. Verleihung der Ehrendoktorwürde der Universität Lüneburg im Jahr 2004. Seit März 2005 Mitglied der Abschlussprüferaufsichtskommission, Berlin.

MinR FAStR Dr. Christoph Ernst

Jahrgang 1954. 1975-1980 Studium der Rechtswissenschaften und 1982 Promotion zum Dr. iur. an der Univerisität Göttingen. 1983-1986 Absolvierung des Rechtsreferendariats. Im Anschluss Rechtsanwalt in Bremen mit den Schwerpunkten Handels- und Wirtschaftsrecht sowie Steuerrecht. 1989 Verleihung der Berufsbezeichnung „Fachanwalt für Steuerrecht". Seit November 1999 Tätigkeit in der Abteilung für Handels- und Wirtschaftsrecht im Bundesministerium der Justiz (BMJ). 1992 für sechs Monate Abgeordneter des UNIDROIT (Internationales Institut zur Vereinheitlichung des Privatrechts) in Rom. Seit Ende 1992 Referent für Bilanzrecht im BMJ. März 1997 Übernahme der Referatsleitung. 1999 Erweiterung des Zuständigkeitsbereiches um das Fachgebiet Steuerrecht.

WP/StB Dr. Wolfgang Schaum

Jahrgang 1960. 1984-1989 Studium der Betriebswirtschaftslehre an der an der Eberhard-Karls-Universität Tübingen. Abschluss als Diplom-Kaufmann. 1993 Promotion zum Dr. rer. pol. an der Fernuniversität – Gesamthochschule – Hagen. Von 1995 bis 1997 Vorbereitung auf das WP-Examen bei Schitag Ernst & Young Deutsche Allgemeine Treuhand AG. Berufsexamina zum Steuerberater und Wirtschaftsprüfer 1993 bzw. 1998. Seit 1993 tätig im Institut der Wirtschaftsprüfer in Deutschland e.V. (IDW), Düsseldorf. Seit Anfang 2004 geschäftsführendes Vorstandsmitglied.